教育部高校"双带头人"教师党支部书记工作室建设项目资助
南京大学"仲英青年学者"项目资助
国家社科基金重大项目"西方'马克思学'形成和发展、意识形态本质及其当代走向研究"
（13&ZD070）阶段性成果

孙乐强 编著

《1848年至1850年的
法兰西阶级斗争》导读

江苏人民出版社

强化使命担当，做好新时代的"答卷人"(代序)

孙乐强

2019 年 3 月 4 日下午，习近平总书记看望了参加全国政协十三届二次会议的文化艺术界、社会科学界委员。在参加联组会时，习近平总书记强调指出，新时代呼唤着杰出的文学家、艺术家、理论家，文艺创作、学术创新拥有无比广阔的空间，要坚定文化自信、把握时代脉搏、聆听时代声音，坚持与时代同步伐、以人民为中心、以精品奉献人民、用明德引领风尚。这一重要论述与文艺工作座谈会和哲学社会科学工作座谈会上的重要讲话精神一以贯之、一脉相承，再次体现了总书记对文艺创作工作和哲学社会科学工作的高度重视。以实际行动做好新时代的"答卷人"，深入研究、分析、解答新时代提出的重大问题，把握新时代的精神图谱，为时代画像、为时代立传、为时代明德，深入推进 21 世纪马克思主义和当代中国马克思主义的创新发展，就是时代赋予当代中国马克思主义理论工作者的光荣使命。

要认清当今世界格局大转变，强化时代方位感。新世纪以来，世界格局进入深度调整、加速演变的历史发展新阶段，当今世界正处在百年未有的大变局之中。当代中国马克思主义理论工作者要从世界历史和中华民族历史的高度，充分认识"中国特色社会主义进入新时代"的划时代意义，在世界格局大调整大转变的大势中，准确理解中国所处的历史地位，强化时代方位感，决不能身体进入了新时代，脑袋还停留在过去。历史实践已充分证明，欧美共产党和左翼政党无力应对世界格局和时代的转变与当代资本主义发展提出的重大挑战，更无法在实践中坚持和发展马克思主义，最终在资本的强大攻势下节节败退，在教条主义、修正主义或折中主义的道路上越走越远。历史实践已充分证明，当代国外马克思主义和左翼思潮始终无法摆脱西方中心主义和新自由主义的隐形强制，带着根深蒂固的偏见指摘中国特色社会主义，既看不懂中国道路、看不清中国未来，也看不清当今世界发展大势，发现不了欧美的未来，最终迷失了历史方向，在碎片化、多元化、边缘化的道路上越走越远。历史实践已充分证明，人类解放和社会主义革命建设实践是推动马克思主义研究创新发展的"源头活水"和不竭动力，哪里有汹涌澎湃的无产阶级革命运动和社会主义建设实践，哪里就有强烈的马克思主义研究发展需要，哪里就有繁荣发展马克思主义的强大动力。中国社会的惊天巨变以铁一般的事实证明，"马克思主义的命运早已同中国共产党的命运、中国人民的命运、中华民族的命运紧紧连在一起"。中国特色社会主义进入新时代，不仅意味着中国已经当之无愧地成为世界共产主义运动的中流砥柱，也意味着中国必将成为未来世界马克思主义的研究中心，必将肩负起创新发展 21 世纪马克思主义的时代重任，这是当今时代和世界格局发展演变的不可逆转的大势，也是世界社会主义运动和新时代中国特色社会主义实践发展的必然结果。

要明确时代发展大势，强化历史使命感。我们必须明确，我们的首要任务是理论创新，即把握时代发展大势，切实研究新时代面临的新问题，为新时代发展提供理论先导。真正的哲学是时代精神的精华。当代中国马克思主义理论工作者要努力实现从时代的追随者、并跑者到时代的先行者、引领者的角色转换，不仅要成为"密涅瓦的猫头鹰"，更要担当好"高卢的雄鸡"角色，以中国正在和将要做的事情为中心，认真研究分析新时代中国特色社会主义面临的重大理论和现实问题，为新时代发展建言献策。当代中国马克思主义理论工作者要充分认识资本主义现代化和西方模式的内在弊端及局限性，系统探讨中国特色社会主义现代化的发展道路及其内在规律，克服"片面的现代化"理论，着力建构和发展全面的、系统的、整体性的马克思主义现代化理论，为建设社会主义现代化强国提供理论先导。当代中国马克思主义理论工作者要做到"不忘初心"，坚定"四个自信"，凸显中国立场，不能简单地跟在西方后面亦步亦趋，把西方经验、西方理论、西方模式无批判地移植到中国，更不能将西方经验当作模板，来指导新时代的中国马克思主义研究；必须要扎根中国大地，结合新的实践和时代要求进行正确取舍，有鉴别地吸收和借鉴国外马克思主义研究成果，真正构建符合新时代要求的、具有中国特色的马克思主义研究范式和学术话语体系。

要认清中国发展大势，强化使命担当感。当代中国马克思主义理论工作者必须坚持以人民为中心的研究导向，与时代同步伐，把握时代脉搏，自觉把个人理想选择同国家前途和民族命运紧密结合起来，作出有益于人民、有益于民族、有益于国家的正确选择。要认真研究关涉社会进步和人类发展的"真问题"，勇闯学术前沿，勇攀学术高峰，推动重大理论创新，研究、分析、解答关涉国家发展、社会进步和人民幸福的重大理论和现实问题，努力多做出经得起实践、经得起人民、经得起历史检验的重大创新成果，以精品奉献人民。当代中国马克思主义理论工作者要不忘本来、吸收外来、面向未来，总结实践经验，提炼出有学理性的新理论，概括出有规律性的新实践，不断创新发展 21 世纪马克思主义。当代中国马克思主义理论工作者要讲清楚历史性成就背后的中国特色社会主义道路、理论、制度、文化优势，用中国理论解读中国实践，讲好中国故事，全面提升中国马克思主义理论的国际影响力和话语权。

要认清形势，强化政治使命感。习近平总书记指出，一个国家、一个民族不能没有灵魂。文化文艺工作、哲学社会科学工作就属于培根铸魂的工作，在党和国家全局工作中居于十分重要的地位，在新时代坚持和发展中国特色社会主义中具有十分重要的作用。当前意识形态领域斗争纷繁复杂，当代中国马克思主义理论工作者必须坚定马克思主义信仰，增强政治定力，提升政治本领，针对各种错误思想，要敢于亮剑，旗帜鲜明地进行斗争，切实维护马克思主义意识形态的指导地位；要树立牢固的责任意识，恪守学术道德和职业操守，坚持用明德引领风尚，不断加强自我修养、崇德修身，做一个"明大德、守公德、严私德"的理论工作者，积极投身到社会主义现代化建设的伟大征程和伟大事业中去，为实现"两个一百年"的奋斗目标贡献一己之力，书写人生不悔的绚丽华章。

目录

导论 《法兰西阶级斗争》：不能忘却的政治遗产...........1

一、马克思为什么关注法国？.....................................3

二、马克思写过哪些关于法国政治实践的著作？.............24

三、法国政治实践给了马克思什么样的思想灵感？..........45

四、《法兰西阶级斗争》是本什么样的书？.....................88

五、《法兰西阶级斗争》在理论上作了什么推进？.........109

六、恩格斯如何评价《法兰西阶级斗争》？.................134

七、如何理解《法兰西阶级斗争》的当代价值？...........155

卡·马克思《1848年至1850年的法兰西阶级斗争》

一书导言...181

《1848年至1850年的法兰西阶级斗争》（节选）.........207

导论 《法兰西阶级斗争》：不能忘却的政治遗产

"滚滚长江东逝水，浪花淘尽英雄。是非成败转头空。青山依旧在，几度夕阳红。"历史犹如滔滔江水一去不复返，世间一切人和事，任凭浪花淘尽，化作滔滔一片潮流，不禁让人感叹生命的短暂与渺小。然而，历史的浪花纵然可以淘尽"千古风流人物"，冲尽世间的是是非非，但却遮蔽不了万物之天理、人心之公道、真理之光芒、思想之魅力。在广袤浩瀚的宇宙面前，在川流不息的洪流面前，个人的生命显得如此之卑微、如此之渺小，然而，其中一些人由于他们高尚的德行、不朽的功业和深邃的思想，在人类历史上留下了不可磨灭的足迹，纵使历史的车轮滚滚向前，也掩盖不了他们散发出来的万丈光芒。作为"千年思想家"和"最伟大的哲学家"，马克思无疑就是这样一位彪炳青史的人物。恩格斯曾预言："他的英名和

为纪念马克思诞辰200周年，中国著名雕塑家吴为山创作的《马克思》雕像。此雕像重约2.3吨，高4.6米，连同基座高5.5米，坐落于德国特里尔市西蒙施蒂夫特广场

事业将永垂不朽！"[1] 历史已充分证明这一预言是多么的正确！2018 年是马克思诞辰 200 周年、科学社会主义公开问世 170 周年，也是中国改革开放和中国特色社会主义 40 周年。站在这样的时代制高点上，我们以《1848 年至 1850 年的法兰西阶级斗争》（以下简称《法兰西阶级斗争》）为中心，结合法国历史和马克思思想发展历程，回到那个激动人心的时代，从理论与实践双重维度出发，重新领会马克思的伟大思想和这部经典著作的永恒魅力。

为纪念马克思诞辰 200 周年，德国发行的 0 欧元纪念券

1　《马克思恩格斯选集》第 3 卷，人民出版社 1995 年版，第 778 页。

一、马克思为什么关注法国？

纵观马克思思想发展历程，法国历史和政治实践构成了马克思理论研究的重心之一。恩格斯说："马克思不仅特别偏好地研究了法国过去的历史，而且还考察了法国时事的一切细节，搜集材料以备将来使用。因此，各种事变从来也没有使他感到意外。"[1]作为德国人，马克思为什么会对法国产生那么浓厚的兴趣？在他的整个思想体系中，法国历史和政治实践起到了什么作用，又具有何种地位？解答这些问题，不仅有助于我们重新理解那个伟大的革命时代和伟大的革命精神，也有利于我们深入把握马克思那些彪炳史册的伟大思想是如何一步一步炼成的。

1. 政治革命：法兰西的伟大遗产

近代以来的法国史，就是一部不断革命的历史。

---

1 《马克思恩格斯选集》第1卷，人民出版社1995年版，第583页。

今天，人们一提到法国，就会想到世界浪漫之都巴黎，那里有着太多令人向往的景观、建筑、艺术、文化……不过，这只是它留给现代人的一种当代印象，在这种浪漫的背后还隐藏着另一种相反的特质，即持续不断的动乱与血色革命。翻开法国近代史，可以发现，从1789 年到 1871 年，法国先后经历了五次大规模革命（1789 年法国大革命、1830 年七月革命、1848 年革命、1870 年革命、1871 年巴黎公社运动），出现了两个帝国、两个王朝（波旁复辟王朝、七月王朝）和三个共和国。在不到百年的时间里，法国一次又一次地成为革命、起义、政变的舞台，这不仅奠定了近代以来法国的政治传统，也使其成为近代欧洲乃至整个世界的政治运动中心。

　　　　　　　　附一：1789—1871 年法国事件简表

1789 年 7 月 14 日，巴黎人民攻占巴士底狱

1789 年 7 月 14 日，巴黎人民攻占象征专制统治的巴士底狱，法国大革命爆发。

1789 年 8 月 26 日，颁布《人权宣言》。

1792 年 9 月 22 日，法兰西第一共和国成立。

1793 年，国王路易十六被推上了断头台，波旁王朝被推翻，封建制度被废除。

1794 年 7 月，反对罗伯斯庇尔的各派力量联合起来，发动热月政变，颠覆了雅各宾派的统治。

1799 年 11 月 9 日，拿破仑一世发动雾月政变。

1804 年，拿破仑一世称帝，改法兰西第一共和国为法兰西第一帝国，取消民主自由，加强中央集权，颁布《民法典》。

1793 年，法国国王路易十六在自己参与设计的断头台上被处死

1814 年 4 月 13 日，拿破仑退位，被流放到地中海的厄尔巴岛，法兰西第一帝国灭亡。

1814 年，波旁王朝复辟，路易十八成为法兰西国王。

1815 年 3—6 月，拿破仑一世再次当权，建立"百日王朝"，在比利时小镇滑铁卢遭遇彻底失败，被流放到大西洋的圣赫勒拿岛。1821 年 5 月 5 日，在岛上去世。

为了纪念 1830 年法国七月革命，法国画家德拉克罗瓦创作了油画《自由引导人民》(又名《1830 年 7 月 27 日》)，表达了画家对革命一定会胜利、自由终将到来的坚定信心。1831 年 5 月 1 日，该画在巴黎首次公开展出，引发轰动

1815 年 7 月 8 日，路易十八重新成为法兰西国王，波旁王朝再次复辟。

1824 年，路易十八去世，其弟弟查理·菲力浦即位，史称查理十世。

1830 年，七月革命爆发，推翻查理十世；

奥尔良公爵路易－菲力浦登上王位，建立奥尔良王朝，又称七月王朝。

1848年，二月革命推翻七月王朝，建立法兰西第二共和国。

1848年6月，巴黎工人举行六月起义。

1848年法国二月革命

1848年12月，路易·波拿巴当选总统。

1851年12月2日，路易·波拿巴发动政变；翌年称帝，号称拿破仑三世，建立法兰西第二帝国。

1870年9月，拿破仑三世在普法战争中溃败，引发9月4日革命，巴黎人民推翻帝制，宣布共和，成立法兰西第三共和国。

1871年3月18日—5月28日，巴黎工人阶级在人类历史上第一次推翻了资产阶级统治，建立了自己的政权即巴黎公社；然而，由于力量悬殊，巴黎公社最终被镇压。

1871年3月28日，
巴黎公社宣告成立

冰与火的交融：法国独特的民族特质。为什么这种激荡的政治革命会一次又一次地爆发于法国，而不

是其他西欧国家呢？托克维尔认为，这与法
国的民族特质密切相关。如果说英国推崇经
验与契约，德国崇尚理性与秩序，那么，法
国则弥漫着激情与叛逆。托克维尔指出，法
国这个民族本身就是一个矛盾体：它在行动
中如此充满对立，如此爱走极端，任感情摆布；
它总是比人们预料的更坏或更好，时而在人类

阿历克西·德·托克维
尔（1805—1859），
法国历史学家、政
治家，主要代表作
有《论美国民主》
（1835）、《旧制度
与大革命》（1856）

的一般水准之下，时而又大大超过一般水准；它的日
常思想和好恶又是那样多变，以致最后变成连自己也
料想不到的样子，甚至对它刚刚做过的事情，常常会
像陌生人那样感到吃惊；当人们放手任其独处时，它
最喜欢深居简出，最爱因循守旧，一旦有人把它从习
惯中拉出来，它就准备走到天涯海角，无所畏惧。它
崇尚机遇、力量、成功、光彩和喧闹，胜过真正的光
荣；它长于英雄行为，而非德行，长于天才，而非常
识，它适于设想庞大的规划，而不适于圆满完成伟大
的事业；它是欧洲各民族中最光辉、最危险的民族，
天生就最适于变化，时而令人赞美，时而令人仇恨，
时而使人怜悯，时而令人恐怖。正是这种矛盾特质的
交织，最终点燃了整个法兰西民族的熊熊烈火，造就
了一场如此突然、如此彻底、如此迅猛，然而又如此
充满反复、矛盾和对立的革命。[1]与英国和美国资产

1　参见[法]托克维尔《旧制度与大革命》，冯棠译，商务印书
　　馆2012年版，第246—247页。

阶级革命相比，法国大革命无疑是最彻底的。

法国是欧洲无产阶级革命的心脏地带和典型代表。综观欧洲近代史，可以发现，法国不仅是欧洲资产阶级革命的典型国家，也是无产阶级革命的典型代表。恩格斯指出："法国就是这样一个国家，在那里历史上的阶级斗争，比起其他各国来每一次都达到更加彻底的结局；因而阶级斗争借以进行、阶级斗争的结果借以表现出来的变换不已的政治形式，在那里也表现得最为鲜明。法国在中世纪是封建制度的中心，从文艺复兴时代起是统一的等级君主制的典型国家，它在大革命中粉碎了封建制度，建立了纯粹的资产阶级统治，这种统治所具有的典型性是欧洲任何其他国家所没有的。而正在上升的无产阶级反对占统治地位的资产阶级的斗争在这里也以其他各国所没有的尖锐形式表现出来。"[1]当时英国有着世界上最先进的工业，无产阶级的力量也强于其他西欧国家，但这种生产力的优势并没有转化为政治上的优势；当时德国工业整体处于起步阶段，资产阶级尚未作为一支独立力量登上历史舞台，资产阶级在政治上的软弱性造就了德国无产阶级的软弱性。而法国恰恰成为工业革命与政治革命的交汇点：工业革命推动了无产阶级的发展壮大，

1　《马克思恩格斯选集》第 1 卷，人民出版社 1995 年版，第 582—583 页。

而独特的政治传统又造就了法国无产阶级的政治素养，使法国成为近代欧洲无产阶级革命的政治中心。

1826 年普鲁士、法国和英国的生产力统计（转引自舒尔茨《生产运动》）

生产力 （单位: 马力）	普鲁士	法国	英国
人力：	370 000	860 000	510 000
畜力：	400 000	600 000	530 000
水力：	100 000	150 000	400 000
风力：			
磨	16 500	12 000	11 500
船	24 000	140 000	570 000
蒸汽力：	4 485	23 000	300 000
总马力：	914 985	1 785 000	2 321 500

马克思对法国历史和政治实践有着特殊的偏好，决不是偶然的。法国政治斗争的纯粹性，不仅是法兰西民族的一种独特特质，也是西欧别具一格的历史遗产之一，更是世界革命运动的一笔宝贵财富。法国阶级斗争的经验与走向，不仅为资产阶级革命和人类解放事业积累了宝贵经验，而且也预示着欧洲乃至世界阶级斗争的新形式新趋向。这种经验和财富不仅是法国的、欧洲的，更是世界的。作为伟大的无产阶级革命导师，马克思的毕生志向和初心就是要实现无产阶级和人类解放，因此，广泛研究法国历史，密切关注

法国政治斗争的新动向新趋势新进展，就是马克思理论研究和实践探索的重心之一。

2. "双元革命"：伟大的时代精神

时代是思想之母，实践是理论之源。真正的哲学是时代精神的精华，是文明的活的灵魂。任何一种伟大的思想都不是凭空产生的，而是在聆听时代声音、回应时代呼唤、分析和解决重大而紧迫的时代问题中产生的。伟大的时代造就伟大的思想。从一个时代的学徒转变为时代的追随者再到时代的引领者，马克思的个人成长和思想发展历程，离不开那个伟大的时代。

高卢雄鸡是法国第一共和国国旗的标志，是当时法国人民革命意志的象征。马克思在《〈黑格尔法哲学批判〉导言》中曾将哲学比喻为"高卢雄鸡"

"双元革命"开创了资产阶级社会的新纪元。英国马克思主义历史学家霍布斯鲍姆曾将马克思生活的时代，称为"革命的年代"（1789—1848），即英国工业革命和法国革命的时代。[1] 它们犹如战车的

英国工业革命后的纺织厂

1　See Eric Hobsbawm, *The Age of Revolution, 1789–1848,* New York: Vintage Books, 1996, pp. 1–2.

两个车轮，碾碎了过去一切陈腐的东西，奠定了现代资产阶级社会的基本格局：工业革命释放了前所未有的生产力，以摧枯拉朽之势，破坏或摧毁了过去田园式的自然经济的社会基础，宣告了资产阶级在经济和社会上的主导地位，开创了资本全球扩张的世界历史；而法国大革命则彻底打碎了过去君权神授和等级制的藩篱，确立了资产阶级在政治和意识形态上的领导权。"这两次革命不仅反映了它们发生的地区即英法两国的要求，而且在更大的程度上反映了当时整个世界的要求。"[1] 两者相辅相成，共同构成了西欧社会的"双元革命"，并最终席卷整个世界。

霍布斯鲍姆（1917—2012）是享誉世界的近代史大师。他的 19 世纪三部曲《革命的年代：1789—1848 年的欧洲》（1962）、《资本的年代（1848-1875）》（1975）和《帝国的年代（1875—1914）》（1987），以及《极端的年代：短暂的 20 世纪》（1994），为当代读者提供了一种完整的世界近现代史观念。霍布斯鲍姆去世后葬在伦敦海格特公墓马克思墓的对面

"这是一个最好的时代，也是一个最坏的时代。"英国工业革命和法国大革命最终确立了资产阶级在欧洲和世界范围内的统治。在不到一百年的时间里，资产阶级创造了前所未有的巨大生产力，开创了世界历史，取得了举世瞩目的伟大成就，但同时也暴露了资本主义的内在矛盾：周期性的经济危机预示

法国资产阶级革命

---

1 《马克思恩格斯选集》第 1 卷，人民出版社 1995 年版，第 318 页。

着资本主义已经容纳不下资本创造出来的生产力；资产阶级的奢华与下层民众的贫困形成了鲜明的对比，整个社会日益陷入两极分化的格局；资产阶级与无产阶级已经发展为两大不可调和的对立阶级，阶级斗争日益尖锐。在此背景下，人们越来越强烈地意识到，一场与无产阶级联系在一起的社会运动已蓄势待发。19 世纪三四十年代，西欧先后爆发了三大工人运动，即法国里昂工人起义、英国宪章运动、德国西里西亚纺织工人起义。虽然这些运动最终都失败了，但它们却充分表明，经过工业革命和法国大革命洗礼过的近代无产阶级，已渐渐意识到时代赋予他们的历史使命，开始作为一支独立的政治力量登上历史舞台，逐步显示出自己的伟大力量，由此掀开了无产阶级反抗资产阶级斗争的新篇章。

1831 年法国里昂工人起义

1836—1848 年英国宪章运动

1844 年德国西里西亚纺织工人起义

无产阶级必将成为革命精神的真正继承人。1848 年，欧洲爆发了一场范围最广、规模最大、影响深远的资产阶级民主革命，它首先爆发于意大利，法国则将其推向高潮，并迅速波及德国、瑞士、奥地利、匈牙利、丹麦等。在这次革命中，法国无产阶级作为一支独立的政治力量发挥了重要作用，直接影响了

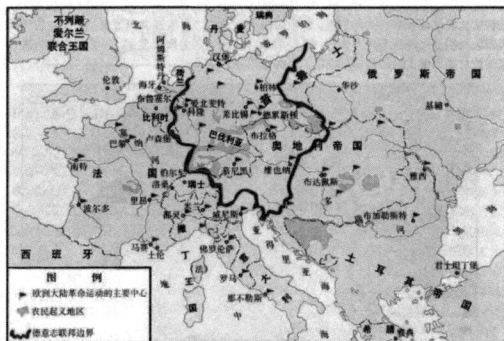

1848 年欧洲革命分布图

整个革命的进程。马克思指出，法国工人阶级的六月起义，"是分裂现代社会的两个阶级之间的第一次大规模的战斗。这是为资产阶级制度的存亡而进行的斗争。蒙在共和国头上的面纱被撕破了。"[1] 由于多方面的原因，这次起义最终失败了，但马克思认为，这是无产阶级在成长过程中必须付出的代价：在这次革命中，无产阶级身上还残存着旧传统的遗迹，他们还没有认清资产阶级的本性，对后者还心存幻想，显得比较幼稚；只有通过这一连串的失败，才能使他们摆脱幻想、认清现实，不断走向成熟，真正承担起时代赋予他们的历史使命，成长为社会革命的真正主体。[2]

1　《马克思恩格斯选集》第 1 卷，人民出版社 1995 年版，第 398 页。
2　参见《马克思恩格斯选集》第 1 卷，人民出版社 1995 年版，第 376 页。

因此，马克思坚信，经过这次失败，无产阶级将逐渐走向成熟，并最终取代资产阶级，成为革命精神的真正继承人。革命的火花已经深深镌刻在无产阶级的心中：谎言已经退去，剩下的就是血的战斗！

革命的时代造就革命的精神。"世界潮流，浩浩荡荡，顺之则昌，逆之则亡。"伴随这个时代成长起来的马克思，既见证了工业革命的力量，也感受到了时代不可抗拒的革命洪流；既见证了资本开创的世界伟业，也看到了资本主义不可克服的内在弊端。恩格斯说，马克思首先是一个革命家。站在时代的制高点上，马克思已充分认识到，资本主义不可能是人类社会的终点，它必将被一种更高的社会形态所代替。作为资产阶级的掘墓人，无产阶级将肩负起时代赋予他们的历史使命，成为社会革命和世界历史的真正主人。无产阶级革命已成为时代不可逆转的发展潮流。因此，马克思将自己的远大志向深深扎根在最广大的无产阶级和劳苦大众之中，毕生致力于资本主义批判和无产阶级革命运动，积极投身于人类解放的伟大共产主义事业，创立了科学社会主义理论和无产阶级政党理论，不仅点燃了全世界劳苦大众的热切希望，也为人类解放提供了指路明灯。

3. 创造性超越：伟大思想和伟大事业的起航

伟大的时代孕育了璀璨的优秀文化成果。作为马克思的三个"故乡"，英国、法国、德国不仅拥有各自独特的历史、政治和文化传统，而且也开创了体现不同民族特色的理论创新之路。在那个风云际变的大格局大时代中，英法德的知识分子结合当时的世界局势和时代特征，立足本国国情和本民族传统，形成了一系列对世界文明产生深远影响的优秀文化成果。英国开创了当时世界上最先进的工商业文明，同时也孕育了与这种文明相匹配的经济学理论即古典政治经济学。随着资本主义工商业文明的扩张，资本最终取

亚当·斯密（1723—1790），英国古典政治经济学创始人，代表作有《道德情操论》（1759）、《国富论》（1776）。图为《国富论》英文版封面

李嘉图（1772—1823），英国古典政治经济学的完成者，代表作为《政治经济学及赋税原理》（1817）

得了在世界市场上的支配地位；与此相对应，古典政
治经济学也从英国的本土化经验和理论上升为一种世
界性的学说体系。如果说英国通过经济征服世界，那
么，日耳曼民族则通过哲学走向世界。作为德国古典

康德（1724—1804），德国古典哲学的创始人。
他发动了"哥白尼式的革命"，确立了主体
在认识过程中的中心地位

费希特（1762—1814）沿着康德开辟的方向前
进，把自我作为哲学的出发点，在自我的基
础上实现了自我与非我的统一

谢林（1775—1854）提出哲学应当以超越主
体与客体、自我与非我的"绝对的同一性"
为起点

黑格尔（1770—1831）基于超越自我与非我
的"绝对精神"，建构了一个庞大的、百科
全书式的哲学体系，完成了德国古典哲学

哲学的集大成者，黑格尔基于对英国工业革命和法国大革命的思辨理解，完成了对时代精神的哲学把握。法国复辟时期的历史学基于法国政治运动，将阶级关系和阶级斗争引入历史阐释之中，为揭示历史发展的直接动因提供了有益启示。虽然这些理论都打上了资产阶级的鲜明烙印，反映了处于上升时期的资产阶级的利益诉求，但它们毕竟在某种程度上揭示了那个时代的部分"真理"。此外，在资本主义文明的孕育下，一种试图超越资本主义的空想社会主义思潮也渐成气

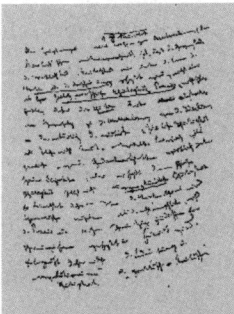

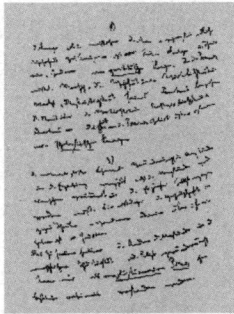

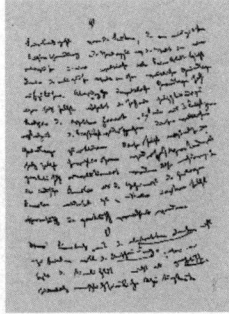

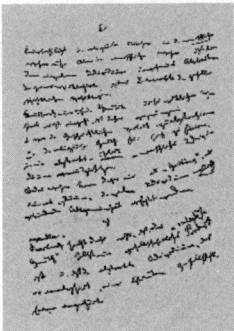

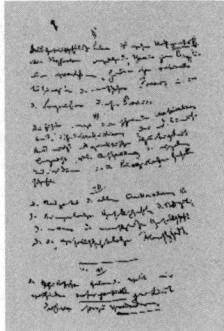

《关于费尔巴哈的提纲》的五页手稿

候，虽然它们在理论和实践方面还存在诸多缺陷，但它们毕竟反映了当时的人们对未来美好社会的无限畅想。

马克思不仅是人类优秀文化成果的继承者，也是伟大思想的缔造者。恩格斯说，资产阶级革命时代是一个需要巨人而且产生了巨人的时代，他们的历史使命是为现代资产阶级统治打下基础。[1] 同样，无产阶级革命时代也需要自己的巨人，从而为无产阶级和人类解放打下基础。马克思无疑是那个时代造就的最伟大的巨人。他结合时代发展趋势，围绕人类向何处去、资本主义向何处去以及人类解放的主导力量等重大问题展开深入研究，在充分继承人类优秀文化遗产，特别是英法德优秀文化成果的基础上，科学地解答了这些重大问题，揭示了人类社会发展的普遍规律和资本主义发展的特殊规律，将社会主义奠定在科学的基础之上，创立了马克思主义学说，为人们认识世界、改造世界提供了科学

《德意志意识形态》"费尔巴哈章"的一页手稿

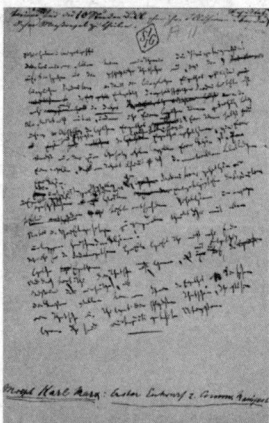

《共产党宣言》仅存的一页手稿。手稿前两行为马克思夫人燕妮的笔迹

1　参见《马克思恩格斯选集》第 4 卷，人民出版社 1995 年版，第 262 页。

方法论。马克思主义所赖以创立并获得发展的时代，是无产阶级和人类解放的历史任务开始形成的时代，马克思主义本身就是无产阶级反对资产阶级、为实现人类解放而不懈斗争的时代产物。它实现了对以英法德等为代表的欧洲文明的批判性继承和创造性发展，是近代以来自然科学和哲学社会科学发展的必然产物，是人类思想智慧的结晶。马克思主义的诞生是人类思想史上的一次最壮丽的日出，也是人类和欧洲文明孕育出来的最灿烂的果实。

欧洲乃至全世界无产阶级必须联合起来，才能实现人类解放的宏伟目标。英法德不同的文化传统、历史遭遇和现实国情，孕育了不同的工人特质。在马克思看来，法国无产阶级能够胜任政治革命，但在社会革命上却力不从心；德国无产阶级虽然是社会革命最适宜的承担者，但在政治革命上却无能为力；英国无产阶级虽然在政治革命和社会革命上都相对弱于法国和德国，但他们却有着自身独特的优势，即对资本主义经济及其弊端有着最切实的感受，能够为其他国家的无产阶级提供先进的经济经验。随着资本全球化的不断拓展，资本已逐渐在欧洲乃至世界范围内形成了共同的利益联盟。在此背景下，仅仅依靠某一国家的无产阶级，是不可能实现人类解放的宏伟目标的。要真正完成从政治解放到人类解放的历史性跨越，首先，需要英法德等发达资本主义国家的无产阶级联合

1847 年，马克思领导创建第一个无产阶级政党——共产主义者同盟（画作）

1861 年的马克思

1888 年的恩格斯

起来，共同对抗资本、共同革命；其次，需要全世界无产阶级联合起来，共同开创人类解放事业的世界格局。

无产阶级革命进入到一个全新的历史时期。马克思主义是人类解放的头脑，无产阶级是人类解放的心脏；马克思主义把无产阶级当作自己强大的物质武器，无产阶级把马克思主义当作自己强大的精神武器。马克思主义与无产阶级的结合，宣告了伟大的无产阶级革命时代的到来。

"没有革命的理论，就不会有革命的行动。"在马克思主义的指导下，共产主义和社会主义从一种空想变成了一种科学，从一种学说变成了一种现实的运动，从一种被蔑视的"幽灵"变成了一项最崇高的伟大事业。马克思逝世时，恩格斯悲痛地评价道："我仍然不能想象，这个天才的头脑不再用他那强有力的思想来哺育两个半球的无产阶级运动了。我们之所以有今天的一切，都应当归功于他；现代运动当前所取得的一切成就，都应归功于他的理论的和实践的活动；没有他，我们至今还会在黑暗中徘徊。"[1]从共产主义

1　《马克思恩格斯选集》第 4 卷，人民出版社 1995 年版，第 655—656 页。

者同盟到第一国际、巴黎公社运动再到西欧各国无产
阶级政党的成立，共产主义事业在欧洲大地上不断生
根发芽、茁壮成长。虽然共产主义运动在西欧遇到了
种种挫折和强大阻力，
未能取得无产阶级革命
的最终胜利，但它却在世
界范围内高高举起了共产
主义的旗帜，为人类解
放事业积累了宝贵经验，
激励着一代又一代的共
产党人和人民大众为之
"抛头颅、洒热血"。

1864年，第一国际
成立大会

　　马克思的思想和事
业是欧洲的，更是全世
界的。经过西欧无产阶
级革命的洗礼，马克思
的思想和事业从西方走
向世界，并在古老的东

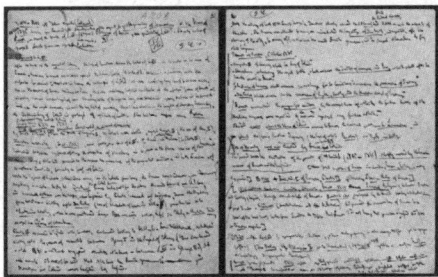

"第一国际成立宣
言"手稿

方结出了最璀璨的果实。十月革命胜利后，俄国建立
了世界上第一个社会主义国家，实现了社会主义从科
学理论到社会现实的转变，使马克思的事业变成了现
实，开创了人类历史的新纪元。世界社会主义运动的
中心也由此从西方转移到东方，被压迫国家的民族解
放运动成为时代发展的潮流，马克思的思想和事业在

古老的东方获得了前所未有的发展。他的学说不仅改变了世界历史的进程，而且也彻底改变了中国。如果没有马克思主义的指引，就不可能有中国革命、建设、改革的成功，就不可能有中华民族迎来伟大复兴光明前景的新时代。中国因马克思主义而复兴，马克思主义也因中国变得更加伟大；中国特色社会主义事业因马克思主义变得更加繁荣昌盛，而马克思的事业也必将因中国变得更加辉煌灿烂。

马克思主义依然闪耀着无比耀眼的真理光芒。真金不怕火炼，真理不怕时间考验。马克思主义确实产生于 19 世纪的西欧，与马克思所处的时代相比，当今世界确实发生了翻天覆地的变化，但不得不承认，我们依然处在马克思主义所指明的历史时代，人类社会至今仍然生活在马克思所阐明的发展规律之中。在人类思想史上，就科学性、真理性、影响力、

《列宁演讲》(画作)

列宁领导十月革命

《开国大典》(油画)

传播面而言，没有一种思想理论能达到马克思主义的高度，也没有一种学说能像马克思主义那样对世界产生如此巨大的影响。这体现了马克思主义的巨大真理威力和强大生命力，表明马克思主义对人类认识世界、改造世界仍然具有不可替代的作用。法国诺贝尔文学奖获得者勒·克莱齐奥说："在当代西方思想家中，没有哪一种理论能够像马克思主义理论那样，能够真正被运用到追求真理的实践中去。"真理的力量是不可战胜的。实践证明，无论时代如何变迁、科学如何进步，马克思主义依然显示出科学思想的伟力，依然占据着真理和道义的制高点。

勒·克莱齐奥，法国著名文学家，出生于 1940 年，是 20 世纪后半期法国新寓言派代表作家之一，也是当今法国文坛的领军人物之一。2008 年获得诺贝尔文学奖

二、马克思写过哪些关于法国政治实践的著作？

法国历史和政治实践是马克思毕生思考和研究的重心之一，也是他的思想不断深化发展的重要实践动因。从法国大革命、1830 年革命到 1848 年革命和波拿巴政变再到巴黎公社运动，对法国历史和政治实践的研究，伴随着马克思的一生。那么，马克思写过哪些以法国政治实践为主题的研究著作？或者说，他在哪些著作中论述过法国的政治实践？如果从文献类型来看，大致可以分为三类：一是关于法国历史的摘录笔记，二是作为参照系论述到法国历史和政治实践的著作，三是直接以法国政治实践为主题的研究著作。

1. 关于法国历史的摘录笔记和涉及法国历史实践的著作

《克罗茨纳赫笔记》：马克思对欧洲和法国历史的摘录。根据马克思的成长经历，我们可以将马克思

对法国历史和政治实践的研究分为两个阶段：对于
1840 年代之前的法国历史和政治实践，马克思并没
有亲身经历和见证过，
只是通过既有的历史和
政治书籍展开后续研究；
而对于 1840 年代之后的
政治实践，马克思不仅
亲身经历或见证过，而
且都及时地对这些事件

《克罗茨纳赫笔记》
手稿

作出了天才般的分析和研究。对于前一类型，主要体
现为 1843 年 7—8 月马克思完成的五个笔记本的《克
罗茨纳赫笔记》，共涉及 24 部著作和 8 篇文章。

1840 年前后的克罗茨纳赫。1843 年 6 月，马
克思和燕妮在这个小镇举行婚礼，度过了几个
月的新婚生活

《忠贞的爱情》（张
文新作）

　　马克思对法国历史和法国革命史的摘录。在《克
罗茨纳赫笔记》中，马克思除了摘录卢梭、孟德斯鸠、
马基雅维利和狄德罗的著作外，还摘录了众多关于近
代法国、英国、德国、波兰、瑞典、美国等不同国家

的历史著作，其中关于法国历史尤其是法国革命史的摘录居多。在五个笔记本中，除第三笔记本是关于英国历史的摘录外，其他四个笔记本都涉及法国历史：第一笔记本全是对法国历史的摘要；第二、第四笔记本的主体部分也是对法国历史的摘录，这两个笔记本还带有"关于法国历史笔记"的标题；第五笔记本则涉及少量法国历史。

卢梭（1712—1778），法国 18 世纪著名的启蒙思想家、哲学家、教育家，代表作有《论人类不平等的起源和基础》（1755）、《社会契约论》（1762）、《爱弥儿》（1762）、《忏悔录》（1782）等

孟德斯鸠（1689—1755），法国启蒙时期思想家、西方法学理论奠基人，代表作为《论法的精神》（1748）

附二：马克思《克罗茨纳赫笔记》摘录的法国历史著作列表

1. 格·亨利希：《法国史》（3 册），莱比锡：弗里茨出版社 1802—1804 年版。

2. 弗里德里希·恩斯特·路德维希：《最近五十年的历史》（2 册），阿尔托纳：汉美利希出版社 1833 年版。

3. 什·拉克雷泰尔：《复辟时期以来的法国史》（3 卷），斯图加特：霍夫曼出版社 1831—1832 年版。

4. 贝勒尔：《斯泰尔夫人遗著〈法国革命大事纪实〉考证》第 1—2 卷，巴黎：贝勒尔出版社 1813 年版。

5. 亚·施密特：《法国史》（德文版，4 卷），路德维希·赫伦和弗里德里希·奥古斯特·乌克尔特出版的"欧洲各国史"
丛书系列，汉堡：佩特斯出版社 1835—1848
年版。

6. 沙多勃利昂：《1830 年 7 月以来
的法国概况》，德文版根据《论复辟时
期与选举君主制度》，由弗里德里希·格
莱希翻译，莱比锡：尼德兰大众书店
1831 年版。

7. 沙多勃利昂：《关于放逐查理十世
及其家族的新建议，或我最近的〈论复辟时
期与选举君主制度〉一文的续编》，阿芬斯
莱本根据法文版译，莱比锡：尼德兰大众书
店 1831 年版。

8. 朗西佐勒：《论七月事件的原因、性
质及其后果》，载《政治与国家法论文集》
第 1 辑，柏林：费迪南德－迪姆莱尔出版
社 1831 年版。

9. 威廉·瓦克斯穆特：《革命时代的法
国史》（德文版，4 卷），路德维希·赫伦
和弗里德里希·奥古斯特·乌克尔特出版的
"欧洲各国史"丛书系列，汉堡：佩特斯出
版社 1840—1844 年版。

10.《历史—政治杂志》，由列奥波特·兰
克出版，第一卷，汉堡，1832 年，第二卷，

马基雅维利（1469—
1527），意大利政治
思想家、历史学家，
代表作有《君主论》
（写于 1513 年，出
版于 1532 年）、《论
战争艺术》（写于
1520 年）等

柏林，1833—1836 年。共涉及 8 篇文章，与法国有关的共 5 篇，分别是《论法国的复辟时期》《德国与法国》《评 1830 年宪章》《论 1831 年最后几月里的一些法国传单》《1815 年的议会》，作者均为列·兰克。

11. 格奥尔格·茹弗鲁瓦：《继承权的原则和法国与英国的贵族》，载《历史论丛》，柏林：尼科莱书店 1832 年版。

巴黎天兔路 10 号。1843 年，马克思移居巴黎后住的房子

马克思曾打算写一部关于现代国家和国民公会史的著作。1843 年秋天，马克思移居巴黎。在那里，马克思除了积极参加工人运动外，还日夜不停地读书和写作，系统地阅读了大量英国和法国的政治经济学著作，完成了十个笔记本的《巴黎笔记》（后三个笔记本独立成篇，构成了现在的《1844 年经济学哲学手稿》）。值得注意的是，在第三笔记本中，马克思阅读并摘录了雅各宾党人勒瓦瑟尔的回忆录即《前国民议会议员“回忆录”》。该书是关于法国大革命的名著，共 4 卷，第 1—2 卷出版于 1829 年，第 3—4 卷出版于 1831 年。马克思从第 1 卷中摘录了 43 段较短的摘要，用法文

写在笔记本的左栏中，右栏用德文写了一段概要。也是在此过程中，马克思可能萌生了一种想法，打算写一部关于法国革命和国民公会史的著作，并起草了一个初步计划。[1]1845年2月6日，《特里尔日报》的一篇报道曾写道：马克思博士明天将离开巴黎，迁居荷兰，以便在那里完成国民公会史的写作。然而，令人遗憾的是，这部著作并没有写出来。

《巴黎笔记》手稿一页

《1844年经济学哲学手稿》一页

1　参见《马克思恩格斯全集》第42卷，人民出版社1979年版，第238页。

附三：《国民公会史》写作计划草稿

（1）现代国家起源的历史或者法国革命。

政治制度的自我颂扬——同古代国家混为一谈。革命派对市民社会的态度。一切因素都具有双重形式，有市民的因素，也有国家的因素。

（2）人权的宣布和国家的宪法。个人自由和公共权力。自由、平等和统一。人民主权。

（3）国家和市民社会。

（4）代议制国家和宪章。立宪的代议制国家，民主的代议制国家。

（5）权力的分开。立法权力和执行权力。

（6）立法权力和立法机构。政治俱乐部。

（7）执行权力。集权制和等级制。集权制和政治文明。联邦制和工业化主义。国家管理和公共管理。

（8'）司法权力和法。

（8"）民族和人民。

（9'）政党。

（9'）选举权，为消灭［Aufhebung］国家和市民社会而斗争。

作为参照系，涉及法国政治实践的著作。法国革命史研究，构成了马克思思想发展的重要推动力。通过系统的学习和摘录，马克思对法国历史和法国革命史有了更为深刻的理解，对他后来的哲学和政治思想的发展起到了重要的推动作用。根据法国学者傅勒的研究，马克思在下列著作（见附四）中都论述到了法国历史和法国大革命。[1] 不过，从主题来看，这些文献并不是直接研究法国政治实践的著作，但不可否认，其中关于法国大革命的哲学反思，已经内化为马克思思想发展的重要环节，成为他理论思考的重要参照系，也为他批判他的理论对手提供了扎实的现实依据。

傅勒的《马克思与法国大革命》中文版封面

附四：马克思写的涉及法国大革命的著作

《黑格尔法哲学批判》（1843）

《论犹太人问题》（写于 1843 年，发表于 1844 年）

《〈黑格尔法哲学批判〉导言》（写于 1843 年末，发表于 1844 年）

《评一个普鲁士人的〈普鲁士国王和社会改革〉一文》（1844）

1　参见 [法] 傅勒《马克思与法国大革命》，华东师范大学出版社 2016 年版。

《神圣家族》第六章第三节"绝对批判的第三次征讨"（1844）

《德意志意识形态》"圣麦克斯"和"卡尔·格律恩"篇（1845—1846）

《〈莱茵观察家〉的共产主义》（1847）

《批判的道德化和批判的道德：德国文化史导言——驳海因岑》（1847）

《在1846年2月22日波兰革命两周年纪念大会上的演说》（1848）

《废除封建义务的法案》（1848）

《资产阶级和反革命》（1848）

《评基佐的"英国革命为什么会成功？英国革命史讨论"1850年巴黎版》（1850）

2. 以法国政治实践为主题的研究著作

《布鲁塞尔笔记》两页

19世纪40年代之后，马克思一方面从事政治经济学研究，先后三次系统地研究了经济学，完成了《巴黎笔记》（包括《1844年经济学哲学手稿》

在内共 10 册）、《布鲁塞尔笔记》（7 册）、《曼彻斯特笔记》（9 册）和《伦敦笔记》（24 册），写下了大量的经济学著作和手稿，为《资本论》的创作和剩余价值理论的形成打下了坚实基础。另一方面，

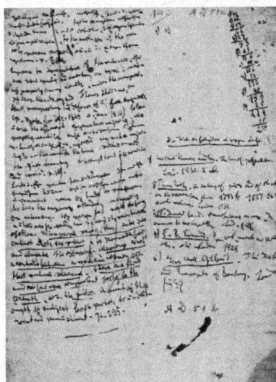

《曼彻斯特笔记》一页

《伦敦笔记》一页

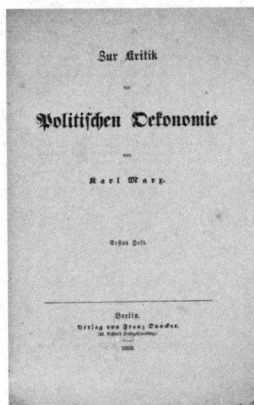

1859 年《政治经济学批判。第一分册》扉页

《资本论》第一卷德文第一版（1867）扉页

马克思积极投身于无产阶级革命运动实践，指导各国工人运动，同各种资产阶级社会思潮和理论学说作坚决斗争，完成了一系列的论战性著作和经典文献，为无产阶级革命提供了科学指南。

同时，马克思密切关注世界局势和各国时事，写下了大量的政论性文章和著作，而 1840 年之后的法国政治事件，构成了马克思研究的重心之一，他先后写下了系列评论文章和著作。其中，《法兰西阶级斗争》《路易·波拿巴的雾月十八日》《法兰西内战》是对 1848 年以来法国政治实践的全面系统研究。

附五：马克思写的关于法国政治事件的主要评论文章和著作

《卡芬雅克和六月革命》（1848 年 11 月）

《时评。1850 年 1—2 月》

《路易·拿破仑和富尔德》（1850）

《评科西迪耶尔公民前警备队长阿·谢努〈密谋家，秘密组织；科西迪耶尔主持下的警察局；义勇军〉1850 年巴黎版》（1850）

《评律西安·德拉奥德〈1850 年 2 月共和国的诞生〉1850 年巴黎版》（1850）

《评埃米尔·德·日拉丹〈社会主义和捐税〉1850 年巴黎版》（1850）

《时评。1850 年 3—4 月》

《法兰西阶级斗争》（1849—1850）

《时评。1850 年 5—10 月》

《1848 年 11 月 4 日通过的法兰西共和
国宪法》（1851）

《路易·波拿巴的雾月十八日》（1851—
1852）

《国际工人协会总委员会关于普法战争
的宣言》（2 篇，1870）

《法兰西内战》（1871）

《法兰西阶级斗争》是马
克思总结法国 1848 年革命经验
的重要著作。1845—1846 年，
欧洲一些国家发生了自然灾害
和农业歉收，引发了饥荒暴动和
流血冲突；1847 年，英国又发
生了普遍性的工商业危机，进一
步激化了欧洲各国的社会矛盾。
1848 年，欧洲爆发了大规模的
革命运动，其中，最为彻底的当
属法国。马克思密切关注 1848
年法国革命的进展情况，搜集了大量资料，于 1849
年底到 1850 年 3 月以及 1850 年 10 月至 11 月 1 日为

《马克思、恩格斯在
〈新莱茵报〉编辑部》
（萨皮罗作）

《新莱茵报》编辑
部所在地科伦下制
帽人街 17 号

《新莱茵报。政治经济学评论》杂志撰写了一组评论文章。马克思原计划写四篇：《1848 年的六月失败》、《1849 年 6 月 13 日》、《6 月 13 日在大陆上产生的后果》和《英国的现状》。但是该杂志第 1、2、3 期只发表了三篇文章，分别是：《1848 年的六月失败》《1849 年 6 月 13 日》《1849 年六月十三日事件的后果》。这三篇文章发表时用的总标题为《1848 到 1849 年》。1895 年，恩格斯将他和马克思合写的《时评。1850 年 5—10 月》中有关法国事件的部分独立出来，以"1850 年普选权的废除"为标题，连同前面三

载有《法兰西阶级斗争》的《新莱茵报。政治经济学评论》的封面

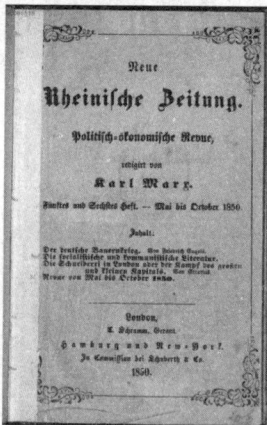

《新莱茵报。政治经济学评论》第 5 卷

1942 年延安解放社出版的《法兰西阶级斗争》

篇文章一起编成单行本，在柏林出版。恩格斯将总标题改为"1848 年至 1850 年的法兰西阶级斗争"，并撰写了导言。最早的中译本是 1942 年延安解放社出版的《法兰西阶级斗争》，译者是柯柏年。

在这部著作中，马克思用历史唯物主义的观点和方法深刻分析了 1848 年法国革命的原因、性质、过程和影响，剖析了法国的阶级结构以及各阶级的经济状况和政治态度，并在总结历史经验的基础上，发展了无产阶级革命理论，首次提出了"无产阶级专政"概念。此外，他还提出了"革命是历史的火车头"这个著名论点，阐述了工农联盟思想。最后，他还分析了 1848 年革命之后英法等国的工商业繁荣对工人的影响，进一步丰富和发展了革命条件学说。在 1895 年写的单行本导言中，恩格斯肯定了这部著作的理论价值和实践意义，同时根据资本主义新变化和工人运动新经验，指出了这部著作存在的不足，进一步完善了无产阶级革命斗争策略，提出了暴力革命与合法斗争并举，但革命权是无产阶级唯一的真正历史权利的思想。

《路易·波拿巴的雾月十八日》是马克思总结 1848 年革命经验和评述 1851 年 12 月 2 日路易·波拿巴政变的重要著作，共包括七个部分，写于 1851 年 12 月至 1852 年 3 月 25 日。法国大革命后，

《拿破仑雾月政变》
（画作）

拿破仑于共和八年雾月十八日即1799年11月9日发动政变，实行军事统治；1804年称帝，改法兰西第一共和国为法兰西第一帝国。1848年12月10日，他的侄子路易·波拿巴当选为法兰西共和国总统；1851年12月2日，路易·波拿巴步拿破仑的后尘，发动政变，废除共和，复辟帝制，号称拿破

《拿破仑一世加冕大典》（雅克·路易·大卫作）

路易·波拿巴（拿破仑三世）

仑三世。马克思将这本书命名为"路易·波拿巴的雾月十八日"，显然包含讽刺意味。

1852年5月，魏德迈以单行本将这部著作作为不定期刊物《革命》的第1期出版，他在扉页和前言中误将标题写成了"路易－拿破仑的雾月十八日"。1869年，这部著作由奥·迈斯纳在德国汉堡再版。再版前，马克思重新审定了原文，把书名更正为现在的标题，并写了第二版序言。马克思逝世后，这部著作于1885年6月在汉堡出版了第三版，恩格斯为这一版新写了一个序言。1891年，这部著作被译成法文，同年1月7日—11月12日分32节在法国工人党机关报《社会主义者报》上连载，这一年还在法国里尔出版了单行本。1889年出版了波兰版，1894年出版了俄文版。最早的中译本是1930年5月由上海江南书店出版的《拿破仑第三政变记》，译者

为陈仲涛；1940 年延安解放社出版了柯柏年译、吴黎平校订的新译本。[1]

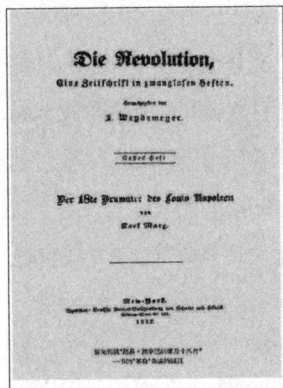

最先刊载《路易·波拿巴的雾月十八日》的《革命》杂志第 1 期扉页

1930 年上海江南书店和 1940 年延安解放社出版的《路易·波拿巴的雾月十八日》

　　这部著作通过对路易·波拿巴反革命政变事件的透彻分析，揭示了历史运动的规律，阐述了评价历史事件和历史人物的科学方法，指出历史创造并不是随心所欲的，各个阶级最终是由各种经济所有制的物质条件决定的。著作透彻地分析了资产阶级国家的本质，阐明了马克思主义国家学说，提出了无产阶级革命必须打碎资产阶级国家机器的观点，进一步系统论述了工农联盟思想。这部著作把当时许多人感到惊异而不

1　关于这一文本的传播史，请参见白云真《马克思〈路易·波拿巴的雾月十八日〉研究读本》，中央编译出版社 2013 年版。

能理解的历史事变的内在联系，清晰而深刻地揭示了出来，表明马克思不仅深知法国历史，而且善于运用历史唯物主义方法来分析重要历史事件。在这部著作问世 33 年后，恩格斯仍然高度评价道，"这是一部天才的著作"，马克思"对活生生的时事有这种卓越的理解，他在事变刚刚发生时就对事变有这种透彻的洞察，的确是无与伦比"，"就是在今天还丝毫没有失去自己的价值"。[1]

1971 年纪念巴黎公社成立 100 周年的绘画作品

《法兰西内战》是马克思全面总结巴黎公社的战斗历程和历史经验的著作。1870 年，法国在普法战争中惨败，9 月 4 日，巴黎人民发动起义，推翻了法兰西第二帝国，建立了法兰西第三共和国。资产阶级临时政府掌握了政权，对普鲁士采取卑躬屈膝的投降态度，妄图解除巴黎人民国民自卫军武装。1871 年 3 月 18 日，巴黎人民再次起义，推翻了资产阶级临时政府，建立了第一个无产阶级政权。起义成功后，由 215 个营队投票选举出来的 40 人组成了中央委员

巴黎公社主要领导人之一瓦尔兰（1839—1871）

---

1 参见《马克思恩格斯选集》第 1 卷，人民出版社 1995 年版，第 582 页。

会，建立了新政府。新政府决定把权力交给由全体人民选举出来的公社。通过公开选举，3 月 28 日，公社在市政厅广场宣告正式成立。在之后的两个月内，公社实行了许多具有重大深远影响和历史首创精神的措施，如实行民主选举与群众监督相结合的民主制度、以工人为主体的国民自卫军制度、公社委员会的政权形式，等等。巴黎飘扬着无产阶级革命的红色旗帜，对资产阶级统治产生了致命威胁。梯也尔政府勾结普鲁士军队于 5 月 21 日攻入巴黎市区，5 月 28 日凌晨，巴黎公社弹尽粮绝，最后的 147 名社员在拉雪兹神甫公墓东北角的墙下被反动军队屠杀，巴黎公社最终被反动派镇压。据统计，在这次革

《梯也尔镇压巴黎公社》（漫画）

为讴歌巴黎公社战士英勇不屈的革命精神，欧仁·鲍狄埃于 1871 年作词、皮埃尔·狄盖特于 1888 年谱曲的《国际歌》

欧仁·鲍狄埃（1816—1887），《国际歌》词作者

皮埃尔·狄盖特（1848—1932），《国际歌》谱曲者

命运动中，有 7.29 万公社战士牺牲，2.98 万人被枪杀，6 万多人被投入监狱或被流放。从 1871 年 3 月

18 日到 5 月 28 日，巴黎公社运动虽然短暂，前后总共 72 天，但它的精神却永垂不朽，永远激励着无产阶级和广大人民群众为人类解放事业而砥砺前进。马克思指出："工人的巴黎及其公社将永远作为新社会的光辉先驱而为人所称颂。它的英烈们永远铭记在工人阶级的伟大心坎里。那些扼杀它的刽子手们已经被历史永远钉在耻辱柱上，不论他们的教士们怎么祷告也不能把他们解脱。"[1] 烈士名垂千古，刽子手遗臭万年，巴黎公社精神永放光芒！

位于巴黎拉雪兹神甫公墓内的巴黎公社社员墙

《公社精神永存》（王为政作）

巴黎公社成立之后，马克思开始搜集和研究关于公社活动的各种材料，并建议国际工人协会总委员会发表一篇告全体成员的宣言。受总委员会的委托，马克思于 1871 年 4 月 18 日着手起草这一宣言，一直持续到 5 月底，先后写了初稿和二稿，5

1　《马克思恩格斯选集》第 3 卷，人民出版社 1995 年版，第 81 页。

月 6 日开始定稿。1871 年 5 月 30 日，总委员会一致
批准了马克思宣读的《法兰西内战》的定稿文本。在
这部著作中，马克思全面分析了巴黎公社的运动过程、
历史经验和伟大意义，系统阐发了无产阶级专政理论。
这部著作是用英文写的，最初于 1871 年 6 月在伦敦
印成小册子，同年又出版了第二版和第三版。1871—
1872 年，先后被翻译成德文、法文、俄文、意大利文、
西班牙文、荷兰文、丹麦文、波兰文等十余种文字。
1872 年在布鲁塞尔出版了根据英文第三版翻译的法
文版，马克思校订了译文，作了大量修改，并重新翻
译了一些段落。1871 年，恩格斯将其翻译成德文。
1876 年，为纪念巴黎公社五周年，再版了德文版。
1891 年，柏林《前进报》出版社为纪念巴黎公社 20

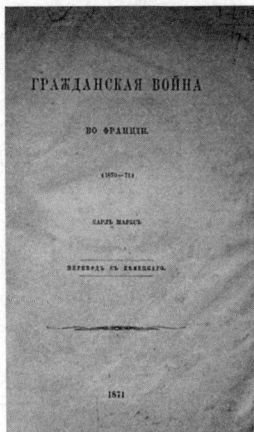

《法兰西内战》1871 年俄文
版扉页

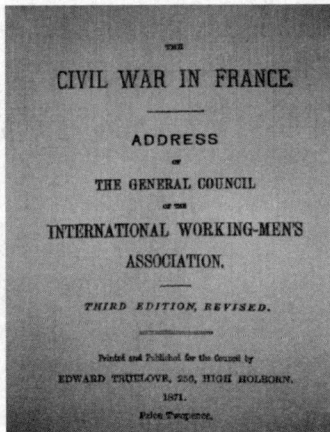

《法兰西内战》1871 年英文第三版扉页

2016 年人民出版社出版的《法兰西内战》（单行本）

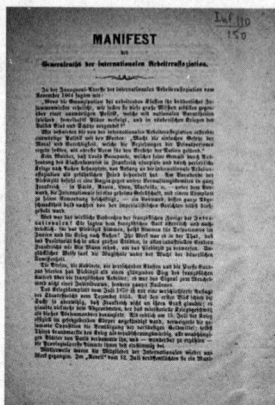

国际工人协会总委员会关于普法战争的第一篇宣言

周年出版了德文版的第三版（纪念版），恩格斯重新校订了译文，并为该版写了导言。恩格斯把马克思写的国际工人协会总委员会关于普法战争的两篇宣言一并收入这一版，此后各种文字的单行本中，均收录了这两篇宣言。《法兰西内战》的第一个中译本由吴黎平、刘云（张闻天）翻译，由延安解放社 1938 年出版。[1]

1　关于这一文本的传播史研究，请参见李惠斌《马克思〈法兰西内战〉研究读本》，中央编译出版社 2016 年版。

三、法国政治实践给了马克思什么样的思想灵感？

特里尔是一座形成于古罗马帝国时代的古镇，也是德国最古老的城镇之一，至今已有 2000 多年的历史。1801 年，特里尔连同莱茵河畔的其他地区都划归法国，并且按照法国大革命的基本原则和《民法典》（1804）进行管理，因此，一段时间中，这座城市都浸透在言论自由和立宪自由的氛围中。

19 世纪 30 年代的特里尔

1814 年，拿破仑战败，特里尔重新并入普鲁士王国。特里尔人发现自己一夜之间从公民变成了国王陛下的"臣民"！1818 年 5 月 5 日，马克思就出生于这座千年古城之中，可谁也没有想到，200 多年后的今天，这座城市会因这个婴儿而闻名遐迩。由于这种特殊的历史遭遇，使这座小城形成了一种完全不同于普鲁士其他地区的文化氛围：在这里，浪漫主义与理性主义、封建保守主义和政治自由主义相互交织，构成了普鲁士王国中一幅独特而又怪异的风景画。马克思的童年和中学时代就是在这座小城中度过的，这种独特的文化氛围，使他对当时普鲁士和法国的文化、历史、政治差异有着切身感受，塑造了他少年时代的精神品格。但马克思之所以能够成为千年思想家，并不是因为特里尔，而是根源于那个伟大的时代和欧洲文明的孕育，根源于马克思的个人品格。与其说特里尔成就了马克思，倒不如说特里尔因马克思变得更加美丽。那么，在马克思的人生成长和思想发展过程中，法国历史和政治实践给了他怎样的灵感和触动呢？下面就让我们跟着马克思的成长过程，一步一步地走进他的思想世界。

马克思的故居

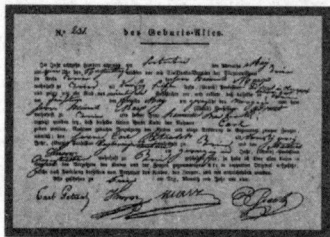
马克思的出生证明

1. 法国大革命与马克思的思想转变

列宁指出，1841—1843 年底是马克思"从唯心主义转向唯物主义、从革命民主主义转向共产主义"的重要时期。这一转变起于《莱茵报》，终于《德法年鉴》[1]，是马克思的第一次思想转变。在这一过程中，马克思关于法国历史的研究起到了重要作用。在此，我们分别围绕马克思哲学立场和政治立场的转变逐一展开叙述。

（1）哲学立场的转变

走向黑格尔哲学：马克思的大学时代。在中学时期，由于深受父辈们和法德启蒙思想的熏陶与激励，马克思形成了一种以理性主义道德神学为底色的哲学世界观，这种世界观沿袭了康德—费希特开辟的道路，将人基于道德观念的主体能动性确立为历史进步的主要动力，其本质是一种伦理唯心主义。然而，现实中的种种遭遇使马克思觉察到"现实的东西和应有的东西"之间的尖锐对立，心灵深处的危机直接导致"理想主义"世界观的崩溃，"我从理想主义……转向现实本身去寻求思想"，"帷幕降下来了，我最神圣的东西

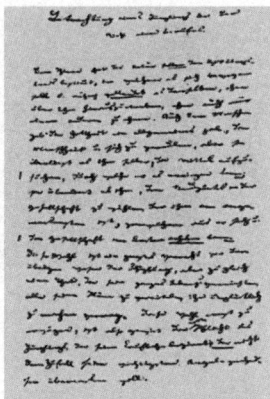

马克思 1835 年 8 月写的中学毕业论文《青年在选择职业时的考虑》

波恩大学，马克思 1835 年 10 月至 1836 年 8 月在此学习

1　参见《列宁全集》第 26 卷，人民出版社 1988 年版，第 83 页。

已经毁了，必须把新的神安置进去"。[1] 这个新的"神"就是他最不喜欢的黑格尔哲学。在大学时代和博士论文（《德谟克利特的自然哲学和伊壁鸠鲁的自然哲学的差别》）中，马克思以一种英雄主义的姿态站在黑格尔的肩膀之上，向世界宣告他的满腔热血：唯心主义不是幼稚的幻想，

柏林大学，马克思
1836 年 10 月至 1841
年 3 月在此学习

而是世界的真理。他借助于伊壁鸠鲁与德谟克利特原子哲学之差异，彰显了一个青年黑格尔派的唯心主义者和革命民主主义者对自由的殷切渴望。不过，与黑格尔不同的是，此时马克思认为，哲学不应该停留在意志的"阿门塞斯冥国"之中，应当走出精神的幽灵

马克思的柏林大学毕业证书　　马克思的博士论文封面　　马克思的博士学位证书

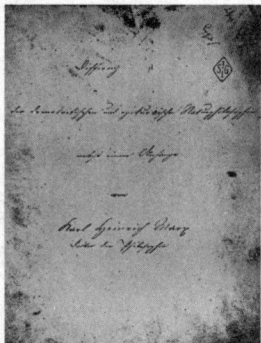

1　参见《马克思恩格斯全集》第 40 卷，人民出版社 1982 年版，第 14—15 页。

王国，通过哲学的实践力量来改变世界，不断推动世界的哲学化和哲学的世界化。[1]

　　青年黑格尔派和老年黑格尔派是 19 世纪 30 年代黑格尔哲学解体过程中产生的两个派别。青年黑格尔派反对黑格尔体系的保守，力图从辩证法中引出激

布鲁诺·鲍威尔（1809—1882），德国哲学家，青年黑格尔派主要代表。马克思曾与他交往颇深，两人后因思想分歧而决裂。马克思、恩格斯在《神圣家族》和《德意志意识形态》中用大量篇幅批判了他的思想

麦克斯·施蒂纳（1806—1856），德国哲学家，青年黑格尔派成员之一。1844 年发表代表作《唯一者及其所有物》，马克思在《德意志意识形态》中对这本书逐字逐句地作了批判

莫泽斯·赫斯（1812—1875），德国早期社会主义者，1844—1845 年间与马克思、恩格斯有良好的合作关系，参与了《德意志意识形态》的创作

1　参见《马克思恩格斯全集》第 1 卷，人民出版社 1995 年版，第 75—76 页。

1845年的费尔巴哈。路德维希·费尔巴哈（1804—1872），德国哲学家，青年黑格尔派的重要代表。1841年发表的《论基督教的本质》一书，将青年黑格尔派的宗教批判推上了一个高峰，引发了巨大影响。在哲学上，他所开创的人本主义和自然主义学说，曾对马克思、恩格斯产生过重要影响

进的批判理论或无神论，强调自我意识的能动作用，又称黑格尔左派。主要代表人物有：D.F.施特劳斯（1808—1874）、B.鲍威尔、E.鲍威尔、A.卢格、K.F.科本（1808—1863）、A.鲁滕堡（1808—1869）、E.梅因（1812—1870）、M.赫斯、M.施蒂纳等，费尔巴哈以及马克思和恩格斯也曾参加过青年黑格尔派的活动。老年黑格尔派又称"黑格尔右派"，他们顽固地坚持黑格尔的唯心主义体系，用客观逻辑和绝对精神来解释一切，属于保守派。

《博士俱乐部里的年轻人》（水粉画，杨克山作）

物质利益的"难题"：马克思的思想苦恼。1842年10月，马克思开始担任《莱茵报》编辑。在此期间，他遭遇了思想上的苦恼。后来他回忆道："1842—1843年间，我作为《莱茵报》的编辑，

《莱茵报》

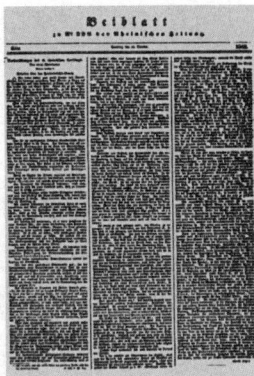

马克思的《关于林木盗窃法
的辩论》

第一次遇到要对所谓物质利
益发表意见的难事。"[1]按照
黑格尔的观点，理性国家应
该站在人民利益之上，当私

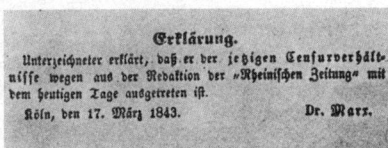

马克思的辞职声明

有财产与公民自由发生冲突时，国家应该压制私有财
产；然而，在现实中，国家却时时刻刻都在为私有财
产服务，这些都极大地动摇了马克思原有的哲学信念。
《莱茵报》的查封直接宣告了青年黑格尔派在理论和
政治上的双重破产，这种现实的无情嘲弄和残酷打击，
使马克思的世界观陷入危机之中，使他明白仅仅依靠
理性和自我意识是无法与残酷的现实抗衡的。

　　国家与市民社会的关系：来自法国历史的启示。

---

1 《马克思恩格斯全集》第31卷，人民出版社1998年版，第411页。

为了清算自己的信仰，马克思一方面认真研读了费尔巴哈的著作，另一方面，在思想的激流深处，产生了一种急于了解现实历史的冲动，阅读了大量关于欧洲和美国历史的著作，写下了五个笔记本的《克罗茨纳赫笔记》。通过对法国历史的研究，马克思清晰厘定了政治在历史中的作用，并深刻认识到，财产关系才是现实历史的决定性因素，它构成了国家与法的真正基础，这促使马克思意识到黑格尔哲学的颠倒性及其唯心主义本质。马克思评述道：

路易十八（1755—1824），法国波旁王朝复辟后的第一位国王（1814—1824）

在路易十八统治之下，立宪制度是国王的恩赐……我们完全可以指出：下一次革命总是主体变成谓语，谓语变成主体，决定者与被决定者互易其位。这不仅仅是涉及到革命方面。国王制定法律（旧的君主政体），法律造就国王（新的君主政体）。立宪政体也是这样，反动政体还是这样。长子继承权是国家的法律。国家要求长子继承法。因而黑格尔把国家观念的因素弄成了主体，并把旧的国家的存在弄成了谓语，而在历史现实中事况则与此相反，国家观念是国家存在的谓语；他通过这种作法只是讲明了时代的普遍性质，即时代的政治的神学。他的哲学—宗教的泛神论的情况亦是如

此。非理性的一切形式通过这种作法成为了理性
的形式。但是在宗教中原则上是把理性当作决
定的东西，在国家中是把国家观念当作
决定性东西。这种形而上学是反思的形
而上学的表达，是旧世界的形而上学的
表达，这种旧世界是作为新世界观的客
观存在。走回头路的拿破仑维护由革命
造成的财产关系。由于实行无等级制的
选举制，拿破仑便同大财产所有者敌对
起来，后者成为了波旁王朝的盟友。[1]

汉译世界学术名著丛书

法哲学原理

[德] 黑格尔 著

黑格尔的《法哲学
原理》中译本（2013）

从唯心主义转向唯物主义：哲学立场的转变。在
费尔巴哈的影响下，马克思写下了《黑格尔法哲学批
判》。马克思指出，黑
格尔把国家看作普遍性
的自主王国，把家庭和
市民社会看作国家的两
个概念领域，完全颠倒
了国家与市民社会的关
系，实际上，"家庭和
市民社会是国家的现实

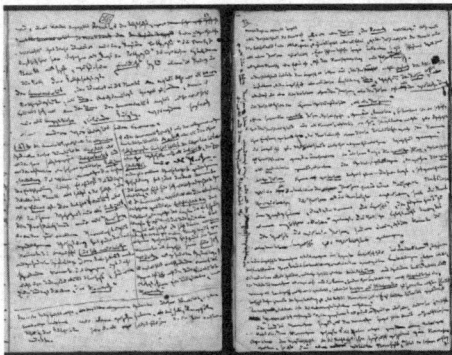

《黑格尔法哲学批
判》手稿

1　《马克思1843年克罗茨纳赫摘录笔记》，载《马恩列斯资料
　　研究汇编》（1980），书目文献出版社1982年版，第15—16页。

的构成部分，是意志的现实的精神存在，它们是国家的存在方式。家庭和市民社会使自身成为国家。它们是动力"[1]。而思辨哲学却把一切都头足倒置了。马克思指出，家庭和市民社会是国家的天然的自然基础和社会基础，是国家的必要条件，没有前两者，就不会有国家。也是立足于此，马克思得出了"不是国家决定市民社会，而是市民社会决定国家"的唯物主义的结论，实现了从哲学唯心主义到一般唯物主义的转变，搭建起哲学唯物主义的理论平台。

（2）政治立场的转变

电影《青年马克思》（*Der junge Marx*，2017）剧照。《青年马克思》聚焦于马克思和恩格斯 1844—1845 年之间的经历，特别是两人全新哲学世界观诞生的过程

托克维尔说，法国大革命"是一个永世难忘的时代，当目睹这个时代的那些人和我们自己消失以后，人类一定会长久地以赞美崇敬的目光仰望这个时代"[2]。面对普鲁士反动的封建专制，青年马克思对法国大革命充满了期待，渴望按照法国大革命的基本原则来重建自由而理性的国家。在这一时期，他激烈批判了普鲁士封建专制制度，彰显了一个革命民主主义者对自由的殷切呼唤。他认为，要真正消除封建专制制度，应当采

1　《马克思恩格斯全集》第 3 卷，人民出版社 2002 年版，第 11 页。
2　[法]托克维尔：《旧制度与大革命》，冯棠译，商务印书馆 2012 年版，第 244 页。

取双重改革：第一，废除等级代议制，扩大选举权；[1]
第二，废除君主制，实行"真正的民主制"。作为一
位革命民主主义者，此时马克思把选举权和民主制视
为德国发展的必然选择，这在一定程度上并没有超
出资产阶级自由理性和法国大革命建立的新型资产
阶级共和国的范围。

政治国家与市民社会的分离：法国大革命的政
治意义。从国家与市民社会的关系来看，法国大革命
具有何种历史意义呢？在《黑格尔法哲学批判》中，
马克思指出，国家与市民社会一开始并不是分离的，
而是合为一体的，国家就是市民社会，市民社会就是
政治国家，"像希腊那样，respublica（国家，共和
国。原意是公共事务）是市民的现实私人事务，是他
们的活动的现实内容……在这里，政治国家作为政治
国家是市民的生活和意志的真正的惟一的内容"[2]。
到了中世纪，这种同一达到了顶峰，"在那时，一般
的市民社会等级和政治意义上的等级是同一的。中世
纪的精神可以表述如下：市民社会的等级和政治意义
上的等级是同一的，因为市民社会就是政治社会，因
为市民社会的有机原则就是国家的原则"[3]。只是到

---

1 参见《马克思恩格斯全集》第1卷，人民出版社1965年版，
  第396页。
2 《马克思恩格斯全集》第3卷，人民出版社2002年版，第43页。
3 《马克思恩格斯全集》第3卷，人民出版社2002年版，第90页。

了近代，政治国家才逐渐从市民社会中分离出来。马克思认为，在政治上完成这一分离的标志性事件就是法国大革命，"只有法国革命才完成了从政治等级到社会等级的转变过程，或者说，使市民社会的等级差别完全变成了社会差别，即没有政治意义的私人生活的差别。这样就完成了政治生活同市民社会分离的过程"[1]。在这里，"私人等级就是市民社会的等级，或者说，市民社会就是私人等级"，就是"私人利益的体系"，它包括处在政治国家之外的社会生活的一切领域。现代市民社会完全不同于传统市民社会：在后者那里，个人只是实现政治专制的手段；而在前者那里，个人的自由和权利则是市民社会的根本目的，个人成为现代市民社会的基础。正是立足于此，马克思说："现代的市民社会是实现了的个人主义原则；个人的存在是最终目的；活动、劳动、内容等等都只是手段。"[2] 政治国家与市民社会的分离，构成了现代社会的根本特征。也只是从这时起，国家才成为真正意义上的政治国家。

国家与市民社会的分离，导致人的身份的二重化。马克思意识到，随着市民社会和国家的分离，一个更为严重的问题出现了：组织的分化必然导致人自身存

1　《马克思恩格斯全集》第 1 卷，人民出版社 1965 年版，第 344 页。
2　《马克思恩格斯全集》第 3 卷，人民出版社 2002 年版，第 101 页。

在的二重化，导致人的政治异化，"市民社会和国家
是彼此分离的。因此，国家公民也是同作为市民社会
成员的市民彼此分离的。这样，他就不
得不与自己在本质上分离。作为一个现
实的市民，他处于一个双重组织中：处
于官僚组织——这种官僚组织是彼岸国
家的即不触及市民及其独立现实性的行
政权的外在的和形式的规定——和社会
组织即市民社会的组织中"[1]。在这里，
人不再是作为人本身存在了，而是被二
重化为相互对立的公人和私人，这恰恰
是现代社会无法实现人民利益和人的类本质的根本原
因。在《论犹太人问题》中，马克思进一步指出，在
政治国家中，人自身的创造物（权力关系）反过来
成为控制人的主体，腐蚀了人的本来面目，把原本
属于类存在物的人变成了偶性存在物，变成了被权
势左右的动物。而在市民社会中，人也不再是纯真
的类存在物，而是被现实的经济利益彻底腐化了，
脱去了类的外衣，沦为完全自私自利的个人，在这里，
"人绝不是类存在物，相反地，类生活本身即社会
却是个人的外部局限，却是他们原有的独立性的限
制。把人和社会连接起来的唯一纽带是天然必然性，

《论犹太人问题》

1　《马克思恩格斯全集》第3卷，人民出版社2002年版，第96页。

是需要和私人利益，是对他们财产和利己主义个人的保护"[1]。

　　政治解放与人类解放：解放的不同层次。这时马克思顿时意识到一个深刻的问题，即自己以前苦苦追求的资产阶级"民主制"真的能够实现人的类本质吗？答案显然是否定的。这种民主制实际上就是资产阶级制度，它的目的非常有限：它只限于推翻封建专制制度，把市民社会从政治国家中解放出来，废除原有的等级特权，赋予人们在政治上的自由、平等权利，维护私人利益，这种革命就是所谓的政治解放。马克思指出，这种解放实际上只是一部分人的解放，或者说是部分市民的解放，是市民社会从政治中获得的解放，它不仅没有从政治上废除私有财产，反而以私有财产为基础；它不仅没有消除人的本质的异化，反而加深了这种异化，造就出一个完全利己的私人体系。因此，这种政治解放根本不可能实现人的类本质，要真正达到这一目标，就必须要把革命进行到底，不仅要进行政治解放，还要在政治解放的基础上，实现人类解放，让人不仅在政治生活中，而且在现实的社会生活中，都成为真正的"类存在物"。只有通过彻底的社会革命，才能彻底实现无产阶级的解放，进而实现全人类的解放。

1　《马克思恩格斯全集》第 1 卷，人民出版社 1965 年版，第 439 页。

无产阶级的历史使命与德法联盟：马克思政治立
场的转变。此时马克思认识到，法国大革命实际上只
完成了政治解放，只有超越资产阶级共
和国，将政治革命推进到社会革命层面，
才能实现人的彻底解放。那么，谁才是
这种革命的真正承担者呢？在《〈黑格
尔法哲学批判〉导言》中，马克思给出
了答案：无产阶级将会承担起时代赋予
他们的历史使命，成为人类解放的真正
主体。在这里，马克思第一次阐述了无
产阶级的革命目标及历史使命，在政治
立场上，实现了从原来的革命民主主义
向共产主义的转变。那么，无产阶级需要具备什么样

《〈黑格尔法哲学
批判〉导言》

的素质，才能真正担负起这一时代重任呢？马克思指
出："必须承认，德国无产阶级是欧洲无产阶级的理
论家，正如同英国无产阶级是它的国民经济学家，法
国无产阶级是它的政治家一样。必须承认，德国对社
会革命是最能胜任的，它对政治革命是最无能为力的。
因为德国资产阶级的无能就是德国政治上的无能……
在德国，哲学和政治的发展之间的不相称并不是什么
反常现象。这是一种必然的不相称。一个哲学的民族
只有在社会主义中才能找到与它相适应的实践，因而
也只有在无产阶级身上才能找到它的解放的积极因

素。"[1] 德国无产阶级是社会革命最适宜的承担者，但在政治革命方面却无能为力，而法国无产阶级最擅长于政治革命。因此，马克思认为，无产阶级要真正完成人类解放这一重任，就必须实现德法联盟。这也是他和阿诺德·卢格[2] 共同创办《德法年鉴》的初衷和目的。

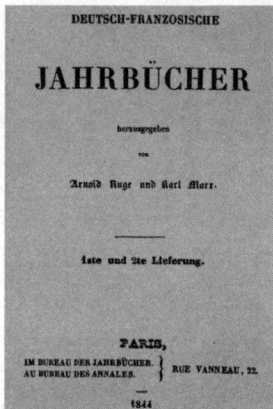

《德法年鉴》

法国革命史研究在马克思第一次思想转变中发挥了重要作用。通过法国史研究，马克思看到了国家与市民社会的彻底分离，得出了不是国家决定市民社会，而是市民社会决定国家的唯物主义结论；通过法国革命史研究，马克思厘清了政治解放与人类解放的根本区别，超越了资产阶级民主主义立场，转变为共产主义者。在之后的《评一个普鲁士人的〈普鲁士国王和社会改革〉一文》和《神圣家族》中，马克思以法国大革命为参照系，批判了卢格（《普鲁士国王和

1　《马克思恩格斯全集》第3卷，人民出版社2002年版，第390—391页。

2　阿诺德·卢格（1802—1880），德国资产阶级激进民主主义者，19世纪30年代成为青年黑格尔派，1837年初创办了后来成为青年黑格尔派宣传中心的《德意志科学和艺术哈雷年鉴》，后改名为《德国年鉴》。1843年《德国年鉴》被查封后，卢格邀请马克思去巴黎共同创办《德法年鉴》。不过，因为与马克思发生思想分歧，《德法年鉴》在1844年2月出版了一、二期合刊后即告停刊。

社会改革》一文作者）和以布鲁诺·鲍威尔等为代表
的"神圣家族"的唯心主义和资产阶级立场，进一步
阐发了自己的唯物主义和共产主义理论。

　　政治经济学研究与马克思思想发展
的第二次转变。虽然此时马克思实现了
哲学立场和政治立场的转变，但不得不
承认，此时马克思在整体框架上尚未超
出费尔巴哈的人本主义立场：此时的唯
物主义还停留在法权和哲学的一般层面
上，尚未深入到历史的内部之中；而此
时的共产主义还是一种以人本主义为后
盾的哲学共产主义，它与后面奠基在历
史唯物主义之上的科
学共产主义还存在本
质差别。在系统研究
欧洲历史、批判德国
唯心主义者的同时，
马克思也在不断加强
政治经济学研究，先
后写下了《巴黎笔记》

《神圣家族》1845
年第一版扉页

弗里德里希·李斯特
（1789—1846）和《政
治经济学的国民体
系》（1910）扉页

《1844 年经济学哲学手稿》《评弗里德里希·李斯
特的著作〈政治经济学的国民体系〉》《布鲁塞尔笔记》
《曼彻斯特笔记》，并于 1845—1846 年写了《关于
费尔巴哈的提纲》《德意志意识形态》。在后两部

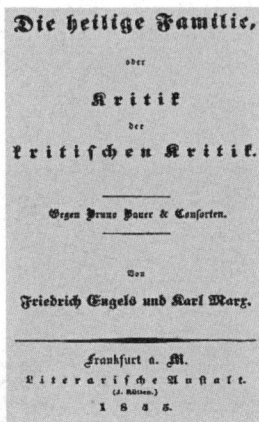

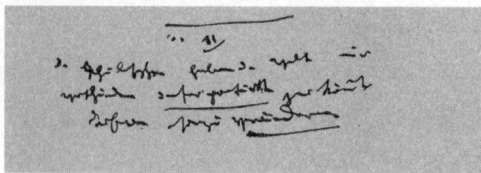

《关于费尔巴哈的
提纲》第十一条

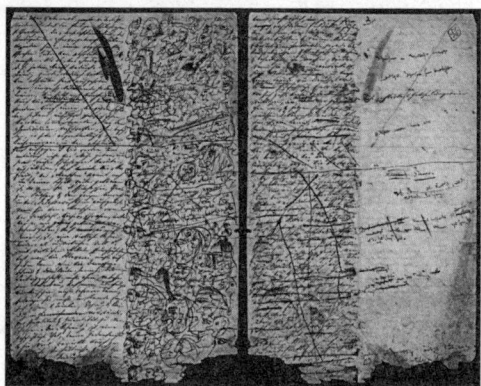

《德意志意识形态》
手稿

著作中，马克思、恩格斯揭示了人类社会发展的一般规律，超越了一切旧唯物主义和唯心主义，创立了历史唯物主义和科学共产主义学说，完成了人生思想发展的第二次转变。1848 年，《共产党宣言》的发表，标志着马克思主义和科学社会主义的公开问世。

2. 阶级斗争理论的深化

法国革命实践，造就了阶级斗争的历史学。近代以来的法国历史就是一部政治斗争的历史。以梯叶里（被马克思誉为"法国历史编纂学中的'阶级斗争之父'"）、米涅、基佐、梯也尔等为代表的法国复辟时期的历史学家，基于法国政治实践，将利益冲突和阶级斗争引入历史学之中。总体来看，他们的主要贡献在于：第一，主张从阶级斗争来解释历史的发展，把阶级斗争视为历史发展的动力，在一定程度上形成

梯叶里（1795—1856），法国复辟时期历史编纂学的创始人。主要代表作有：《乡巴佬雅克的真实史》（1820）、成名作《诺曼人征服英国史》（1825）、《墨洛温时代叙事》（1835—1840）、《第三等级的形成与发展史》（1850—1853）

法国资产阶级历史学家米涅（1796—1884）的成名作、1824年出版的《法国革命史》。在这部著作中，他用不同阶级之间的利益冲突来说明各个政治集团和派别之间的斗争，揭示了法国革命爆发的必然性

基佐（1787—1874），法国复辟时期最有影响的资产阶级历史学家之一、政治家，在1847—1848年任法国第22任首相。主要代表作有：《法国史研究》（1823）、《英国革命史》（1827—1828）、《欧洲文明史》（1828）、《法国文明史》（1829）等

梯也尔（1797—1877），法国资产阶级历史学家、政治家，1871—1873年担任法兰西第三共和国首任总统，残酷地镇压了巴黎公社，著有《法国大革命史》（共10卷，1823—1827）

了"阶级斗争史观"逻辑;第二,他们看到了物质利益在历史发展过程中的作用,在某种程度上揭示了阶级斗争产生的根源;第三,强调历史的发展是一个不以人的意志为转移的客观过程,承认历史发展的规律性;第四,他们打破了传统英雄史观,肯定了人民群众在历史发展过程中的积极作用。然而,他们的局限性也是非常明显的,在他们看来,阶级斗争的推动作用只局限于从封建社会向资产阶级社会的转变,严重缩小了阶级斗争的适用范围;虽然他们看到了物质利益的对立,但这种对立并不是从生产过程中生发出来的,而是停留在有产与无产的法权对立上;他们虽然肯定了历史发展的规律性,但却陷入宿命论的旋涡之中。

法国政治斗争实践对马克思阶级斗争理论产生了重要影响。英国古典经济学家李嘉图通过分配关系分析,已经触及现代社会的三大阶级,并看到了他们之间的阶级对立;而法国复辟时期的历史学家已经明确将阶级斗争指认为历史发展的动力。以此来说,从阶级或阶级斗争出发来诠释历史发展,并不是马克思的

约瑟夫·魏德迈（1818—1866）,早期工人运动革命家和马克思主义理论家,马克思主义在美国的最早传播者

原创。1852年,他在致约·魏德迈的信中指出,"无论是发现现代社会中有阶级存在或发现各阶级间的斗争,都不是我的功劳。在我以前很久,资产阶级历史编纂学家就已经叙述过阶级斗争的历史发展,资产阶

级的经济学家也已经对各个阶级作过经济上的分析。我所加上的新内容就是证明了以下几点：（1）阶级的存在仅仅同生产发展的一定历史阶段相联系；（2）阶级斗争必然导致无产阶级专政；（3）这个专政不过是达到消灭一切阶级和进入无阶级社会的过渡"[1]。以此来看，马克思在这一问题上的重要贡献在于：从物质生产出发揭示了阶级产生的内在根源，全面阐述了阶级斗争在有文字记载以来的人类历史发展中的基本作用，科学诠释了阶级斗争的发展趋势。

　　"革命是历史的火车头"：马克思与布朗基主义的本质区别。在《社会主义的前提和社会民主党的任务》中，伯恩施坦指出，在革命理论上，马克思没有发明权，他完全承袭了布朗基，因而是一个彻头彻尾的布朗基主义者。[2]针对布朗基的革命理论，马克思、恩格斯生前就曾作过尖锐批判："布朗基主要是一个政治革命家，他只是在情感上，即在同情人民的痛苦这一点上，才是一个社会主义者，但是他既没有社会主义的理论，也没有改造社会的确定的实际的建议。布朗基在他的政治活动中主要是一个'实干家'，他相信组织得很好的少数人只要在恰当的时机试着进行

伯恩施坦（1850—1932），民主社会主义的主要代表、修正主义的鼻祖

1　《马克思恩格斯选集》第4卷，人民出版社1995年版，第547页。
2　参见 [德] 伯恩施坦《社会主义的前提和社会民主党的任务》，殷叙彝译，三联书店1965年版，第81页。

某种革命的突袭，能够通过最初的若干胜利把人民群众吸引到自己方面来，就能实现胜利的革命……由于布朗基把一切革命想象成由少数革命家所进行的突袭，自然也就产生了起义成功以后实行专政的必要性，当然，这种专政不是整个革命阶级即无产阶级的专政，而是那些进行突袭的少数人的专政，而这些人事先又被组织在一个人或某几个人的专政之下。由此可见，布朗基是过去一代的革命家。"[1] 以此来看，第一，布朗基的暴力革命完全没有科学社会主义理论作指导，只是一味地进行密谋突袭，在革命方向上是完全盲目的；与之相反，马克思既反对从抽象人性的角度对革命事业进行思辨论证，也反对任何超越历史进程而人为地制造革命的做法，他始终立足于历史发展的内在矛盾来探求无产阶级革命的现实可能性。离开客观逻辑，抽象地谈论阶级斗争，或者说，单纯从主体能动性的角度引出阶级斗争，都是非法的。第二，在布朗基看来，革命无非是由少数革命家领导的，因而革命成功后所建立的专政，必然不是整个阶级即无产阶级的专政，而是几个少数领导人的专政；与此不同，马克思所说的无产阶级专政并不是少数几个领导

布朗基（1805—1881），法国早期工人运动活动家、革命家，巴黎公社主要领导人之一

1　《马克思恩格斯选集》第3卷，人民出版社1995年版，第243—244页。

人的专政，而是无产阶级共同组成的专政，不是少数人的政权，而是大多数贫苦大众的政权。第三，布朗基在专政目标的理解上是含糊其辞的，他的目的只是为了维持现状；而马克思的无产阶级专政则是向更高社会形态的一个过渡阶段，专政只不过是手段，而不是目的本身。

工农联盟思想的深化发展。马克思认为，随着资本主义的不断发展，资本主义的社会结构将逐渐趋于两极化，转化为无产阶级与资产阶级两大阶级之间的对抗。但当马克思把目光聚焦到某个具体国家特别是工业还不是很发达的国家时，如法国，他认识到，农民其实构成了国民的重要组成部分，甚至在相对落后的国家中，农民在人口数量上居于绝对主导，是一支完全不可忽视的强大力量。在这样的国度中，无产阶级纵然是革命的领导者，但如果这种革命得不到农民力量的合唱，注定会成为一种孤鸿哀鸣。因此，无产阶级若要取得革命的成功，就必须团结农民，实现工农联盟。这一思想恰恰是马克思通过对 1848 年革命和路易·波拿巴政变的历史分析得出来的科学结论。后来俄国革命和中国革命的胜利证明，这一结论是完全正确的。

3. 无产阶级专政理论和国家学说的深化

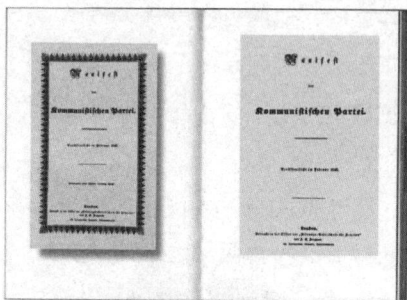

《共产党宣言》1848
年德文版

《马克思、恩格斯
起草〈共产党宣言〉》
（波利亚科夫作）

《共产党宣言》与马克思无产阶级革命理论。19世纪三四十年代，由于缺乏科学理论的指导和先进政党的领导，西欧三大工人运动先后失败了。无产阶级迫切需要指导自己行动的科学世界观和方法论，迫切需要自己的政党组织。正是在这样的历史背景下，马克思主义应运而生。1848年，《共产党宣言》的发表，标志着马克思主义的公开问世。恩格斯指出，"贯穿《宣言》的基本思想：每一个历史时代的经济生产以及必然由此产生的社会结构，是该时代政治的和精神的历史的基础；因此，（从原始土地公有制解体以来）全部历史都是阶级斗争的历史，即社会发展各个阶段上被剥削阶级和剥削阶级之间、被统治阶级和统治阶级之间斗争的历史；而这个斗争现在已经达到这样一个阶段，即被剥削被压迫的阶级（无产阶级），如果不同时使整个社会永远摆脱剥削、压迫和阶级斗争，就不再能使自己从剥削它压迫它的那个阶级（资产阶级）下解放出来"[1]。在这一著作中，马克思、恩格斯提出了无产阶级革命的两个步骤：第一步是全世界无产阶级联合起来，推翻资产阶级的统治，夺取政权，使无产阶级上升为统治阶级；第二步是利用自己的政治统治，一步一步地夺取资产阶级的全部资本，把一切生产工具集中在国家和无产阶级手里，采取切实措施，用暴力方式彻底消灭资本主义生产关系和阶级得以存在的社会条件，最终完成社会主义革命，实现向更高社会形态的过渡。

布鲁塞尔白天鹅咖啡馆，《共产党宣言》诞生地

附六：《共产党宣言》提出的十条措施

1.剥夺地产，把地租用于国家支出。

2.征收高额累进税。

3.废除继承权。

4.没收一切流亡分子和叛乱分子的财产。

5.通过拥有国家资本和独享垄断权的国家银行，把信贷集中在国家手里。

---

1 《马克思恩格斯选集》第1卷，人民出版社1995年版，第252页。

6. 把全部运输业集中在国家手里。

7. 按照总的计划增加国家工厂和生产工具，开垦荒地和改良土壤。

8. 实行普遍劳动义务制，成立产业军，特别是在农业方面。

9. 把农业和工业结合起来，促使城乡对立逐步消灭。

10. 对所有儿童实行公共的和免费的教育。取消现在这种形式的儿童的工厂劳动。把教育同物质生产结合起来，等等。

法国革命实践与无产阶级专政学说的深化。马克思、恩格斯在 1872 年《共产党宣言》德文版序言中指出："不管最近 25 年来的情况发生了多么大的变化，这个《宣言》中所阐述的一般原理整个说来直到现在还是完全正确的。某些地方本来可以作一些修改。这些原理的实际运用，正如《宣言》中所说的，随时随地都要以当时的历史条件为转移，所以第二章末尾提出的那些革命措施根本没有特别的意义。如果是在今天，这一段在许多方面都会有不同的写法了。由于最近 25 年来大工业有了巨大发展而工人阶级的政党组织也跟着发展起来，由于首先有了二月革命的实际经验而后来尤其是有了无产阶级第一次掌握政权达两个月之久的巴黎公社的实际经验，所以这个纲领现在

有些地方已经过时了。特别是公社已经证明：'工人
阶级不能简单地掌握现成的国家机器，并运用它来达
到自己的目的。'……那里把这个思想发挥得更加完
备。"[1] 以此来看，法国二月革命以来的革
命实践，为马克思无产阶级革命理论和专
政学说的发展，提供了鲜活的实践经验。
具体而言，主要表现在以下几个方面：

　　第一，进一步丰富发展了马克思的无
产阶级专政理论。1848 年 2 月，《共产党
宣言》在伦敦正式印刷出版。同一时期，
法国二月革命爆发，接着革命浪潮迅速波
及大半个欧洲。在二月革命中，法国人民推
翻了金融资产阶级代表的七月王朝，成立
了资产阶级临时政府，史称法兰西第二共
和国。临时政府成立之后，无产阶级被胜
利冲昏了头脑，沉醉在宽大仁慈的博爱氛
围之中，听信了资产阶级的甜言蜜语，忘
却了自己的历史使命，企图要在资产阶级
旁边实现自己的利益，这为资产阶级窃取
胜利果实提供了宝贵时间。当资产阶级掌
控政权之后，开始清算无产阶级，后者被

1848 年《共产党宣言》
法文版重印本 (1983)

1848 年《共产党宣
言》瑞典文版

1　《马克思恩格斯选集》第 1 卷，人民出版社 1995 年版，第
　　248—249 页。

迫发动了六月起义，结果，起义被镇压，最终失败。
通过这次失败，马克思认识到，无产阶级必须超出资
产阶级革命范围，宣布不断
革命，及时将资产阶级革命
转化为无产阶级革命，将革
命进行到底，彻底推翻资产
阶级统治，建立"工人阶级
专政"和"无产阶级的阶级
专政"，并第一次提出了经

1848 年《共产党宣
言》西班牙文版

济改造公式，即生产资料归社会所有。更为重要的是，
无产阶级专政并不是最终目的，它只不过是"达到消
灭一切阶级差别，达到消灭这些差别所由产生的一切
生产关系，达到消灭和这些生产关系相适应的一切社
会关系，达到改变由这些社会关系产生出来的一切观
念的必然的过渡阶段"[1]。或者说，无产阶级专政在
本质上只是向更高社会形态的一个过渡阶段，是实现
人类解放的必经环节，而不是人类解放的最终形态。
马克思在 1852 年致约·魏德迈的信中再一次指认了
这一点。1871 年的巴黎公社恰恰实现了无产阶级专
政从理论形态到现实形态的飞跃，"公社的真正秘密
就在于：它实质上是工人阶级的政府，是生产者阶级
同占有者阶级斗争的产物，是终于发现的可以使劳动

1　《马克思恩格斯选集》第 1 卷，人民出版社 1995 年版，第 462 页。

在经济上获得解放的政治形式"[1]。1891年，恩格斯指出："近来，社会民主党的庸人又是一听到无产阶级专政这个词就吓出一身冷汗。好吧，先生们，你们想知道无产阶级专政是什么样子吗?请看巴黎公社。这就是无产阶级专政。"[2]虽然它最终被镇压了，但它无疑为后来的无产阶级革命提供了实践经验，更为马克思无产阶级专政理论的发展提供了现实依据。

1893年的恩格斯

第二，为马克思提出"无产阶级必须彻底打碎旧的国家机器"思想提供了现实支撑。在《共产党宣言》中，马克思、恩格斯希望，无产阶级夺取政权之后，能够利用自己的政治统治和国家机器，消灭资本和资产阶级生产关系，最终完成社会主义革命。通过法国政治实践，马克思进一步认清了资产阶级国家的实质。在《路易·波拿巴的雾月十八日》中，他指出，法国历次资产阶级革命都没有动摇君主专制时代的国家机器，反而把它当作主要战利品，资产阶级革命不是彻底摧毁国家机器，而是使

2011年江苏人民出版社出版的精装版《路易·波拿巴的雾月十八日》

1　《马克思恩格斯选集》第3卷，人民出版社1995年版，第58—59页。

2　《马克思恩格斯选集》第3卷，人民出版社1995年版，第13—14页。

它变得更加完备。就此而言，资产阶级国家在本质上只不过是资产阶级进行阶级统治的工具，无产阶级不可能直接利用旧的国家机器，相反，必须集中一切力量，彻底摧毁资产阶级的国家机器。1871 年 4 月 12 日，马克思在写给路·库格曼的信中指出：“如果你读一下我的《雾月十八日》的最后一章，你就会看到，我认为法国革命的下一次尝试不应该再像以前那样把官僚军事机器从一些人的手里转移到另一些人的手里，而应该把它打碎，这正是大陆上任何一次真正的人民革命的先决条件。”[1]巴黎公社真正践行了这一思想。巴黎无产阶级认识到，资产阶级国家机器实际上是服务于资产阶级利益的，无产阶级决不能继续运用旧的国家机器来进行社会管理，为了不致失去刚刚获得的统治，他们必须彻底铲除全部旧的、一直被利用来反对工人阶级的国家机器。在《法兰西内战》中，马克思全面总结并高度评价了巴黎公社的这一伟大创举，进一步深化了他的无产阶级专政学说。

　　第三，推动了马克思国家学说的系统发展。总体

人民出版社 2001 年版《路易·波拿巴的雾月十八日》

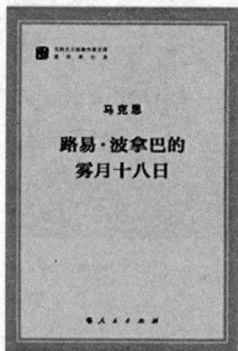

马克思
路易·波拿巴的
雾月十八日

人民出版社 2015 年版《路易·波拿巴的雾月十八日》

1　《马克思恩格斯选集》第 4 卷，人民出版社 1995 年版，第 599 页。

而言，马克思国家学说的重要贡献在于：①揭示了国家的起源：国家绝不是从来就有的，而是随着阶级的产生而产生的，并将随着阶级的消亡而最终消亡。②必须运用暴力手段推翻资产阶级统治，彻底打碎资产阶级国家机器，建立无产阶级专政，为向更高社会阶段的过渡打下基础。在这一过渡时期，无产阶级国家在充分发挥社会管理职能的同时，必须时刻坚守国家的专政职能，巩固和捍卫无产阶级革命的胜利果实。③指出了国家的双重职能，即专政与社会管理，并揭示了国家职能的重要转变：在阶级社会中，国家的本质始终是阶级统治的工具，专政职能始终居于主导；一旦进入社会主义社会（马克思、恩格斯意义上的社会主义），阶级存在的基础得以消除，国家的专政职能将趋于消亡，国家的重心将转变为公共服务和社会管理。④揭示了国家最终消亡的前提条件：只有到了共产主义的高级阶段，国家才会彻底消亡。而无产阶级国家

1848 年 3 月，马克思在布鲁塞尔被拘留 18 小时的监狱

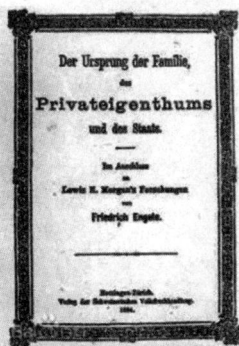

恩格斯《家庭、私有制和国家的起源》1884 年德文第一版封面

的消亡，既不是暴力的结果，也不是"被废除"的，而是自行消亡的。综观马克思对法国历史和政治实践的研究历程，可以发现，国家问题是横贯始终的一个焦点话题：从国家与市民社会的关系到打碎国家机器

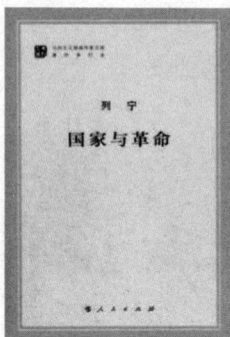

2015 年人民出版社出版的列宁的《国家与革命》单行本

再到国家消亡理论，似乎都可以在法国历史和政治实践中找到相应的现实基础。因此，在探讨这一问题时，我们必须秉持实事求是的态度，既不能过分夸大法国实践对马克思国家学说的影响，也不能断然否定它对后者的推动作用。

4. 意识形态理论的深化

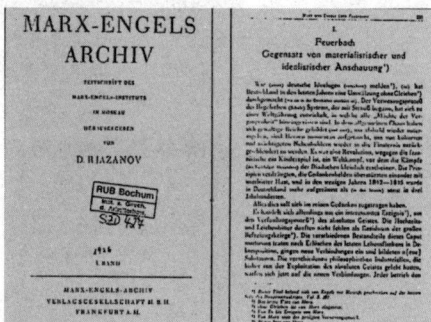

1926 年出版的梁赞诺夫主编的《马克思恩格斯文库》第 1 卷，首次以德文发表了《德意志意识形态》"费尔巴哈章"

《法兰西阶级斗争》《路易·波拿巴的雾月十八日》不仅是马克思研究法国政治实践的经典之作，同时也是他揭示意识形态运作机制的经典之作。

资产阶级意识形态是一种虚假的观念体系。恩格斯指出："意识形态是由所谓的思想家通过意识、但是通过虚假的意识完成的过程。推动他的真正动力始终是他所不知道的，否则这就不是意识形态的过程了。因此，他想象出虚假的或表面的动力。因为这是思维过程，所以它的内容和形式都是他从纯粹的思维中——不是从他自己的思维

中，就是从他的先辈的思维中引出的。"[1]在《德意
志意识形态》中，马克思、恩格斯对资产阶级意识形
态作出了尖锐批判。他们指出，资产阶级
意识形态具有三重特征：一是"颠倒性"。
"在全部意识形态中，人们和他们的关系
就像在照相机中一样是倒立呈像的"[2]。
意识形态并不是从物质生产出发来解释观
念的产生，而是相反，从观念出发来解释
现实生活，在根本上完全颠倒了存在和意
识、生活和观念的内在关系，是对社会存
在的一种颠倒的歪曲反映。二是神秘性。
统治阶级总是借助于一定的意识形态或者
说是天意、上帝等为现存制度辩护，而不
去认真研究意识形态本身的起源，把这种
意识形态当成天然的、永恒的。三是虚伪
性。为了维护自身统治，资产阶级必然借
助于国家机器把自身利益放大为全社会的
利益，把自身的意识形态宣布为整个社会
的意识形态，赋予自己的思想以普遍性的
形式，把它们描绘成唯一合乎理性的、具
有普遍意义的思想。因此，这种被无限放

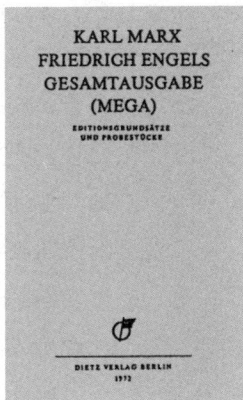

1972 年 MEGA2《德
意志意识形态》试
编版扉页

郭沫若翻译的《德
意志意识形态》

1　《马克思恩格斯选集》第 4 卷，人民出版社 1995 年版，第 726 页。
2　《马克思恩格斯选集》第 1 卷，人民出版社 1995 年版，第 72 页。

大的"普遍利益"，必然是统治阶级自身的一种理论虚构，是一种虚假的普遍性。

无产阶级与资产阶级意识形态的关系。在《德意志意识形态》中，马克思、恩格斯认为，作为体力劳动者，无产阶级没有自己的精神生产，而"那些没有精神生产资料的人的思想，一般地是隶属于这个阶级的"[1]。无产阶级在一定程度上会受到资产阶级意识形态的束缚，可以说，马克思、恩格斯的这一判断是准确的，工人运动史已清楚地证明了这一点。那么，无产阶级如何突破资产阶级意识形态的束缚呢？马克思、恩格斯认为，随着无产阶级革命的爆发，那些曾受到资产阶级意识形态束缚的无产者必然会在革命的洗礼中，抛掉一切陈旧的、肮脏的东西，形成彻底的革命意识，"成为社会的新基础"。

意识形态的作用机制及其对工人和农民的影响。从历史发展的总体趋势来看，马克思、恩格斯的上述判断是正确的，但若具体到某个国家，情况就会有所差别。由于不同国家的历史、文化传统和现实国情的差异，意识形态的作用机制也会有所区别。就当时的法国而言，马克思发现，在 1848 年革命浪潮中，工人和农民并没有像他预想的那样抛掉对资产阶级的幻想，相反，而是受到了资产阶级意识形态的各种蛊惑。

1　《马克思恩格斯选集》第 1 卷，人民出版社 1995 年版，第 98 页。

资产阶级为了达到自己的目的，使用各种伎俩来迷惑或离间工人和农民：

（1）借用过去的传统。马克思指出："一切已死的先辈们的传统，像梦魇一样纠缠着活人的头脑。当人们好像刚好在忙于改造自己和周围事物并创造前所未闻的事物时，恰好在这种革命危机时代，他们战战兢兢地请出亡灵来为他们效劳，借用它们的名字、战斗口号和衣服，以便穿着这种久受崇敬的服装，用这种语言，演出世界历史的新的一幕。"[1]在1848—1851年间，法国资产阶级所做的种种事情，并不是为了重新找回革命精神，而是打着传统的旗号，完成他们不可告人的目的。一旦他们的目的达成，重新掌握了政权，那种革命精神就被转化为一个游荡的"幽灵"，统统消失不见了。资产阶级利用底层人民对过去传统的迷信，完成了他们不可告人的阴谋。

（2）散播甜言蜜语。1848年二月革命成功之后，资产阶级捏造了各种超阶级的意识形态口号，什么"人人皆兄弟"，"人人骨肉相连、情同手足"……无产阶级居然相信了资产阶级的糖衣炮弹，沉醉在这种充满祥和、仁慈、博爱的氛围之中，忘却了自己的历史使命，企图在资产阶级身旁实现自己的利益。

（3）制造谣言。为了将无产阶级从临时政府中

---

1 《马克思恩格斯选集》第1卷，人民出版社1995年版，第585页。

清除出去，资产阶级各个派别串通起来，大肆制造谣言，离间工人和农民的天然情感，导致无产阶级陷入孤立无援的境地，被迫发动六月起义，最终被资产阶级镇压。

极盛时期的拿破仑
第一帝国

（4）复活"拿破仑观念"。由于法国的具体国情，即小块土地分割，使小农成为法国人口众多的一个群体，他们不能代表自己，也不能以自己的名义来保护自己的利益，只能将希望寄托于高高在上的权威和主宰者，因而，"历史传统在法国农民中间造成了一种迷信，以为一个名叫拿破仑的人将会把一切美好的东西送还他们。于是就出现了一个人来冒充这个人，只是因为他……取名为拿破仑"[1]。利用这

《拿破仑跨越阿尔卑斯》（雅克－路易·拉康作），黑格尔曾将拿破仑誉为"马背上的世界精神"

种伎俩，路易·波拿巴获得了小农和军队的绝对支持。

（5）作出各种虚假承诺。为了赢得大选，路易·波拿巴向农民许诺废除葡萄酒税，向工人许诺"黄金

---

1 《马克思恩格斯选集》第1卷，人民出版社1995年版，第678页。

梦"。在各种诱惑和欺骗下，农民将选票投给了波拿巴。1848 年 12 月 10 日，路易·波拿巴当选为法兰西第二共和国总统。然而，他所作的承诺最终都化为泡影。1849 年 12 月 10 日，通过了恢复葡萄酒税的法案，广大农民如梦初醒。1851 年 12 月 2 日，路易·波拿巴步拿破仑的后尘，发动政变，废除共和，复辟帝制，成为法兰西的皇帝，各种承诺化为一缕青烟。

意识形态的祛魅与自为革命主体的生成。在马克思看来，法国工人和农民之所以会受到资产阶级意识形态的迷惑，根本原因在于法国工业还不够发达，各种矛盾尚未充分表现出来，因而工人和农民还无法认清自己的长远利益和历史使命，容易受到资产阶级意识形态的蛊惑。例如，马克思指出，正是由于法国工业还不够发达，导致工人把次生矛盾即金融资产阶级当成自己最主要的敌人，而没有认清工业资本家的本性，进而轻易相信他们捏造出来的各种甜言蜜语和谎言，上了他们的当。再譬如，马克思说："一切'拿破仑'观念都是不发达的、青春年少的小块土地所抱的观念；对于已经衰老的小块土地来说，这些观念是荒谬的，它们只是它临死挣扎时的幻觉，只是变成了空话的词句，只是变成了幽灵的魂魄。"[1] 随着法国社会矛盾的充分发展，工人和农民必将从这些谎言和

---

1 《马克思恩格斯选集》第 1 卷，人民出版社 1995 年版，第 683 页。

陈旧的观念中清醒过来，认识到资本才是他们的共同敌人，进而成长为自为的革命主体，实现工农联盟。另一方面，马克思认为，革命主体的成长之路是曲折的，他们只有经过革命熔炉的锤炼，经过一系列失败的磨砺，才能逐渐成熟起来，成为意志坚定的革命者。

法国政治实践为马克思理解意识形态及其作用机制，提供了更为全面、更为丰富的素材。作为对1848 年法国革命和波拿巴政变的专题研究著作，《法兰西阶级斗争》《路易·波拿巴的雾月十八日》进一步分析了资产阶级意识形态的本质特征、作用机制及其破解之路，系统深化了《德意志意识形态》中的意识形态理论。

5. 巴黎公社与民主的真谛

1836 年的马克思
（画像）

资产阶级民主是与政治解放相适应的一种民主形式。青年时期的马克思曾是一位革命民主主义者，他曾主张按照卢梭的人民主权原则和法国资产阶级民主共和国来重新改造德国，激烈批判了普鲁士的封建专制制度，追求"普选权"和"真正的民主制"。然而，在后续的研究中，马克思认识到，资产阶级民主制实际上只是政治解放的产物，它在本质上只是资产阶级或"市民"的一种政治权利，要实现人类的彻底解放，就必须超越这种政治形式。由此，马克思实现了政治立场的转变，即从革命民主主义者转变为共产主义者。

资产阶级民主在本质上是少数人的民主。在马克思看来，有什么样的市民社会，就会有什么样的国家形式。西方式的市民社会是由原子式的个人组成的，每个人为了追求私利的最大化，必然会把市民社会变成一切人反对一切人的战场，最终发展为资本掠夺财富、大资本吞并小资本的资本主义社会。卢梭曾指出，私有制是导致社会不平等的罪魁祸首。资产阶级国家本身就是建立在私有制之上的，在这样的社会中，不论国家的经济职能和公共服务职能多么重要，它都无法改变资产阶级国家的本质，即资产阶级进行阶级统治的工具；国家权力必然为统治阶级所垄断，使其沦为一种虚幻的共同体；而国家职能也必然表现为对私有财产的保护，沦为统治阶级利益的保护伞。因此，资产阶级民主在本质上只是少数统治阶级的民主，不是人民的真正民主。

选举权的游戏：法兰西共和国的皮影戏。在1848—1851 年的法国实践中，选举权往往是资产阶级用于争权和欺骗民众的一种惯用手段。为了赢得大选，路易·波拿巴无所不用其极，如废除葡萄酒税、宣扬"黄金梦"等，将资产阶级民主的实质展现得一览无遗。1848 年，当波拿巴当上法兰西第二共和国的总统后，开始翻脸不认账，各种承诺并没有落到实处。1850年5月，国民议会通过了废除普选权的法案。对此，马克思评价道："国民议会和每个议员一旦使人民，即他们的授权人丧失了权利，自己也就会丧失代表权……普选权已经完成了自己的使命。大多数人民都上了有教育意义的一课，普选权在革命时期所能起的作用不过如此而已。它必然会被革命或者反动所废除。"[1]民众选出来的代表，既不代表国家，也不代表人民，而是代表特定阶级或特定集团的利益。民众与精英寡头之间的利益脱节，使民主沦为一纸空文，它不会将民众利益或社会福祉作为首要目标，而是沦为特权利益的保护伞和寡头政治的合法伪装。1851年12月2日，路易·波拿巴发动政变，一跃成为法兰西第二帝国的皇帝，法国民众一夜之间从公民变

《轻松的统治》（杜米埃漫画作品，1851年）

拿破仑三世1857年100法郎金币

2014年，法国发行的拿破仑三世纪念银币

1　《马克思恩格斯选集》第1卷，人民出版社1995年版，第472—473页。

成了"臣民",普选权沦为一种不可能的幻想。

　　"人民自己当家作主"[1]:巴黎公社的历史首创精神。1870 年,法国在普法战争中惨败,巴黎人民推翻了法兰西第二帝国,成立了法兰西第三共和国,而以梯也尔为代表的资产阶级政府屈膝投降,企图解除人民武装。1871 年 3 月 18 日,巴黎人民再次起义,推翻了资产阶级临时政府,成立了巴黎公社。为了保障公社和人民权力,巴黎公社采取了一系列具有历史首创精神的重

《英国工人阶级欢呼巴黎公社的成立》(版画)

要措施:①打碎资产阶级国家机器,取消常备军,建立人民自己的武装力量;②取消资产阶级代议制,实行普选制:一切公职人员均由人

民选举产生,并随时接受人民监督,真正对人民负责,全心全意服务于人民;③摧毁资产阶级国家的组织形式,实行地方自治和中央民主相结合的民主集中制原则;④为防止国家公职人员由社会公仆变为社会主人,采取公职人员低薪制;如此等等。马克思评价道:"公社的伟大社会措施就是它本身的存在和工作。它所采取的各项具体措施,只能显示出走向属于

2016 年,即巴黎公社 145 周年,法国国民议会通过了第 907 决议,为巴黎公社社员平反

1　《马克思恩格斯选集》第 3 卷,人民出版社 1995 年版,第 76 页。

人民、由人民掌权的政府的趋势。"[1] 公社的真正秘密，就在于它是工人阶级的政权，是"人民自己当家作主"，这是多数人的民主，是完全不同于资产阶级民主的"真正民主制度"。[2] 虽然巴黎公社最终失败了，但它依然"放射着它的历史首创精神的炽烈的光芒！"[3]

马克思对资本主义民主的批判依然具有鲜活的当代生命力。巴黎公社之后，欧洲工人运动的重心从法国转移到德国；与此同时，资本主义世界发生了重大变化，工人也渐渐获得了普选权。此时，马克思、恩格斯改变了前期对普选权的看法，认为普选权已经由"向来是欺骗的工具变为解放工具"[4]，并告诫无产阶级必须使用一切手段，为无产阶级革命事业积蓄力量。不过，这种转变决不意味着，马克思、恩格斯已经放弃了暴力革命的方式，把合法选举看作是工人斗争的唯一手段，相反，是在坚持暴力革命的同时，主张通过合法选举的方式，为革命的最终决战积蓄力量。此外，马克思也没有改变对资本主义民主的看法，说到底，资本主义民主在本质上只不过是特权阶层的民主，对于大多数人民群众而言，完全是一种没有实质内容的形式民主。当代资本主义的民主实践一次又一

1 《马克思恩格斯选集》第 3 卷，人民出版社 1995 年版，第 64 页。
2 参见《马克思恩格斯选集》第 3 卷，人民出版社 1995 年版，第 58 页。
3 《马克思恩格斯选集》第 3 卷，人民出版社 1995 年版，第 66 页。
4 《马克思恩格斯全集》第 19 卷，人民出版社 1965 年版，第 264 页。

次地证明了马克思判断的正确性。而真正民主，即人
民当家作主，构成了社会主义民主的本质和核心，
并在焕然一新的中国大地上结出了最甜美的果实，
充分彰显了中国特色社会主义民主的独特优势和优
越性。

四、《法兰西阶级斗争》是本什么样的书?

山东新华书店 1949 年版

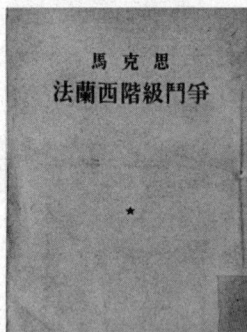

人民出版社 1949 年版

《法兰西阶级斗争》"是马克思用他的唯物主义观点从一定经济状况出发来说明一段现代历史的初次尝试"[1],也是马克思总结 1848—1850 年法国革命经验的一部重要著作。它写于 1849 年底到 1850 年 3 月以及 1850 年 10 月—11 月 1 日。1895 年,恩格斯将其编成单行本在柏林出版,并撰写了一个导言,全书共包括四章内容。那么,这是一本什么样的书呢?马克思是在怎样的背景下创作这本书的呢?它又涉及哪些重要的历史事件呢?下面就让我们走进《法兰西阶级斗争》。

---

1 《马克思恩格斯选集》第 4 卷,人民出版社 1995 年版,第 506 页。

1.《法兰西阶级斗争》的创作背景

在《路易·波拿巴的雾月十八日》中，马克思曾将 1848 年 2 月—1851 年 12 月的法国阶级斗争划分为三个时期：

第一个时期是从 1848 年 2 月 24 日到 5 月 4 日，即从路易－菲力浦被推翻到制宪会议开幕，马克思将这一时期统称为"二月时期"。

1814 年，拿破仑战败，宣告退位，代表大地主贵族利益的波旁王朝复辟。1815 年 3—6 月，拿破仑一世再次当权，建立"百日王朝"，后在比利时小镇滑铁卢遭遇彻底失败，被流放到大西洋的圣赫勒拿岛。

1814 年拿破仑签署的退位诏书

1815 年，法军欢迎拿破仑回归

1815 年滑铁卢战役

被流放到圣赫勒拿岛的拿破仑

附七：

七次反法联盟及拿破仑指挥的著名战役

七次反法联盟	时间	成员国	拿破仑指挥的著名战役	结果
第一次反法同盟	1793—1797 年	英、奥、荷、普、西、撒那	土伦战役（法胜）、镇压保王党战役（拿胜）、洛迪战役（法胜）、芒多维战役（法胜）、罗纳图战役（法胜）、巴萨诺战役（法胜）、阿尔科拉战役（法胜）、里沃利战役（法胜）、曼图亚争夺战（法胜）	第一次反法同盟瓦解
第二次反法同盟	1798—1801 年	俄、奥	亚历山大战役（法胜）、金字塔战役（法胜）、阿里什战役（法胜）、阿克尔城战役（法败）、塔布尔山战役（法胜）、马伦哥会战（法胜）	法奥签订《吕内维尔和约》，法英签订《亚眠条约》，第二次反法同盟瓦解
第三次反法同盟	1805 年	英、俄、奥、普、丹、瑞、土	乌尔姆战役（法胜）、奥斯特里茨战役（法胜）	法俄奥签订《普莱斯堡和约》，神圣罗马帝国终结，第三次反法同盟瓦解

（续表）

七次反法联盟	时间	成员国	拿破仑指挥的著名战役	结果
第四次反法同盟	1806 年	英、俄、瑞、普	耶拿战役（法胜）、艾劳会战（无果）、海尔斯堡战役（法胜）、弗里德兰战役（法胜）	法俄普签订《提尔西特和约》，三国结盟，第四次反法同盟瓦解
第五次反法同盟	1809 年	英、奥	埃本斯堡战役（法胜）、兰茨胡特战役（法胜）、阿斯佩恩－艾斯林战役（法败）、瓦格拉姆战役（法胜）	法奥签订《维也纳和约》，维也纳被占领，第五次反法同盟瓦解
俄法战争	1812 年	俄	维捷斯克战役（法胜）、斯摩棱斯克战役（法胜）、瓦卢蒂诺战役（法胜）、博罗季诺战役（战术胜利）、克拉斯内－别列津纳河战役（突围成功）	拿破仑军撤出俄罗斯帝国

（续表）

七次反法联盟	时间	成员国	拿破仑指挥的著名战役	结果
第六次反法同盟	1813 年	俄、普、英、瑞、奥	吕岑之战（法胜）、包岑战役（法胜）、德累斯顿战役（法胜）、莱比锡会战（法败）、汉瑙战役（法胜）、布里埃纳战役（法胜）、拉罗蒂埃战役（法败）、尚波贝战役（法胜）、沃尚战役（法胜）、拉昂战役（法败）、兰斯战役（法胜）、蒙米赖战役（法胜）、蒙特罗战役（法胜）、阿尔西战役（法败）	跟反法联盟签订《枫丹白露条约》，莱茵联邦解体；1814 年拿破仑第一次退位，被流放在厄尔巴岛
第七次反法同盟	1815 年	英、俄、奥、普	林尼战役（法胜）、滑铁卢战役（法败）	拿破仑第二次退位，最终被流放到圣赫勒拿岛

《1830 年七月革命》
（画作）

1815 年 7 月 8 日，路易十八重新成为法兰西国王，波旁王朝再次复辟。1824 年，路易十八去世，其弟弟查理·菲力浦即位，史称查理十世。他竭力恢复封建专制统治，压制资本主义发展，限制言论出版自由，加剧了资产阶级同贵族地主之间的矛盾，激起了人民的反抗。1830 年 7 月 27 日至 29 日，巴黎爆发了七月革命，推翻了波旁王朝。金融资产阶级攫取了革命果实，建立了以奥尔良公爵路易－菲力浦为首的"七月王朝"。在这一时期，真正掌权的不是法国工业资产阶级，而是金融贵族，包括银行家、交易所大王、铁路大王、煤铁矿和森林的所有者以及一部分与他们有联系的土地所有者。他们操纵法国内阁，决定着法国的命运。恩格斯说："1830 年整个大资产阶级获得的政权一年年越来越限于最富有的大资产者的统治，限于食利者和

路易－菲力浦（1773—1850），奥尔良王朝唯一君主（1830—1848）

《高康大》（1832 年），法国讽刺画大师杜米埃（1808—1879）作品。"高康大"是意大利 16 世纪小说家拉伯雷的《巨人传》中的一个重要人物，是一个既愚蠢又贪得无厌的大肚皮。在画中，高坐在那里的一个梨头形的大肚子巨人，正张开大口不劳而获地侵吞着广大劳动者的劳动果实。杜米埃用这幅画讽刺"七月王朝"的首脑路易－菲力浦

股票投机分子的统治。"[1]法国经济陷入危机。在此背景下，法国先后于 1832 年、1834 年、1839 年爆发了起义，但均被血腥镇压。

> 1832 年 6 月 5—6 日的巴黎起义，是由共和党左翼和包括人民之友社在内的秘密革命团体组织的。反对路易－菲力浦政府的拉马克将军的出殡是起义的导火线。这次起义中第一次举起了红旗。当政府派出军队时，参加起义的工人构筑了许多街垒，异常英勇顽强地进行了自卫战，最后还是被军队镇压了下去。
>
> 1834 年 4 月 9—13 日的里昂工人起义，是在共和党的秘密组织人权公民权协会的领导下进行的，它是法国无产阶级最早的群众性起义之一。这次起义得到了其他城市特别是巴黎共和党人的支持，但是被残酷地镇压了下去。
>
> 1839 年 5 月 12 日的巴黎起义，是在奥·布朗基和阿·巴尔贝斯的领导下，由秘密的共和派社会主义的四季社发动的，在这次起义中，革命工人也起了主要作用；结果

---

1 《马克思恩格斯全集》第 4 卷，人民出版社 1958 年版，第 512 页。

遭到了军队和国民自卫军的镇压。起义失败后，布朗基、巴尔贝斯及其他一些起义者遭到流放。

1845—1847 年发生了"两起世界性的经济事件"，即 1845—1846 年农业歉收和 1847 年的经济危机，加速了革命的爆发。1848 年 2 月 24 日，法国爆发了二月革命，推翻了"七月王朝"，成立了资产阶级临时政府。马克思指出，这次革命"对于旧社会是一个突然袭击，是一个意外事件，而人民则把这个突然的打击宣布为具有世界历史意义的壮举，认为它开辟了一个新纪元"[1]。

《公民的声音》（杜米埃漫画作品，1848 年）

马克思把从二月革命到 5 月 4 日这段时间统称为"二月时期"，主要原因在于，这一时期的政府完全是混合的、临时的，王朝反对派、资产阶级共和派、小资产阶级民主派和工人社会民主派都在其中取得了自己的位置。而这一时期所采取的一切措施也都是临时的。

第二个时期是从 1848 年 5 月 4 日到 1849 年 5 月底，这是资产阶级共和国的创立时期，也是资产阶级共和派的覆灭时期。马克思把这一时期划分为三个阶段：

1　《马克思恩格斯选集》第 1 卷，人民出版社 1995 年版，第587—588 页。

（1）1848 年 5 月 4 日—6 月 25 日，无产阶级的失败时期。1848 年 5 月 4 日，临时政府召开国民议会，而资产阶级企图将二月革命的胜利果实收入自己囊中。巴黎无产阶级看出了这个国民议会的性质，于 5 月 15 日企图强力解散国民议会，但最终失败，被迫于 6 月 22 日发动六月起义。而在二月事变中联合起来的所有阶级，在资产阶级共和派的领导下，共同反对无产阶级，结果无产阶级一败涂地。

巴黎工人六月起义

（2）1848 年 6 月 25 日—12 月 10 日，资产阶级共和派当政时期。1848 年 6 月 24 日，资产阶级共和派掌握政权，拟定了共和主义宪法，宣布巴黎戒严。

6 月 28 日，在六月革命中屠杀无产阶级的卡芬雅克将军被制宪会议批准为法兰西共和国政府首脑即最高行政长官，资产阶级共和派当权。

（3）1848 年 12 月 20 日—1849 年 5 月 28 日，资产阶级共和派的覆灭时期。1848 年 12 月 10 日，路易·波拿巴在选举中战胜了卡芬雅克，当选法兰西第二共和国首任总统，资产阶级共和派失势。1849 年 5 月 13 日，

路易－欧仁·卡芬雅克（1802—1857）

秩序党在法国议会选举中赢得了 490 席，山岳党人获得了 180 席，而共和党人只得到了 80 席。波拿巴和秩序党人联合起来共同反对共和派制宪会议，5 月 28 日，立法国民议会取代共和派制宪会议正式开幕，资产阶级共和派覆灭。

法国党派介绍

正统派是代表法国大地主贵族和高级僧侣利益的波旁王朝（1589—1792 年和 1814—1830 年）长系的拥护者。

奥尔良派是金融贵族和大资产阶级的保皇派，是 1830 年七月革命到 1848 年革命这段时期执政的波旁王朝幼系、奥尔良公爵路易－菲力浦的拥护者。

秩序党是六月事变后成立的，由奥尔良王朝派和正统王朝派组成的一个政党，他们以"秩序"作为其政治主张的核心，故名秩序党。秩序党的代表人物是梯也尔、巴罗、贝里耶、德卢等人。

王朝反对派是七月王朝时期法国众议院中的一个以奥迪隆·巴罗为首的议员集团。这个集团代表工商业资产阶级自由派的政治观点，主张实行温和的选举改革，认为这样就能避免革命并维持奥尔良王朝的统治。

　　资产阶级共和派又称《国民报》派、三色旗共和派、纯粹的共和派，是法国的一个资产阶级政党。《国民报》是它的机关报。1848 年革命时期，这一派的领导人参加了临时政府，其中最著名的人物有马拉斯特、巴斯蒂德和加尔涅－帕热斯，后来靠卡芬雅克的帮助策划了对巴黎无产阶级的六月大屠杀。

　　山岳派分为旧山岳派和新山岳派。1793—1795 年的山岳派，指法国资产阶级革命时期代表中小资产阶级利益的革命民主派，因在国民公会开会时坐在大厅左侧的最高处而得名。代表人物有罗伯斯庇尔、马拉、丹东等。其成员大都参加了雅各宾俱乐部。1792 年 10 月，代表大工商业资产阶级利益的吉伦特派退出雅各宾俱乐部后，山岳派实际上成为雅各宾派的同义语。1848—1851 年的山岳派，指法国制宪会议和立法议会中集合在《改革报》周围的小资产阶级民主主义者和社会主义者。其领袖人物为赖德律－洛兰、皮阿等人。以路·勃朗为首的小资产阶级社会主义者也参加了这一派。1849 年 2 月后，该派又称为新山岳派。

　　第三个时期是从 1849 年 5 月 28 日到 1851 年 12 月 2 日，这是立宪共和国或议会共和国的存在时期，也是资产阶级共和国最终湮灭的时期。马克思把这一时期也划分为三个阶段：

　　（1）1849 年 5 月 28 日—6 月 13 日，小资产阶级民主主义政党的失败时期。在欧洲革命的影响下，1849 年 2 月 9 日，罗马共和国成立。同年 4 月 14 日，法国政府派出乌迪诺将军出征意大利，武装干涉罗马共和国。4 月 27 日，法军在意大利要塞港口奇维塔韦基亚登陆；4 月 30 日，被朱·加里波第领导的罗马共和国军队击退，双方签订了停火协议。但这次炮轰事件违反了法国宪法第 V 条，因为该条禁止法兰西共和

加里波第率领的"红衫军"

朱塞佩·加里波第（1807 — 1882）亲笔签名赠予友人 Margherita Bajretti 的肖像照片。加里波第献身于意大利统一运动，亲自领导了许多军事战役，是意大利建国三杰之一。由于在南美洲和欧洲对军事冒险的贡献，他也赢得了"两个世界的英雄"的美誉

国使用自己的兵力，侵犯他国人民的自由。此外，法国宪法第 54 条还禁止行政权不经国民议会同意而宣布战争。于是，1849 年 5 月 8 日，制宪会议（5 月 28 日之后被立法国民议会取代）弹劾波拿巴及其内阁违反了法国宪法，不过，这次弹劾于 5 月 11 日被制宪会议最终否决。同年 6 月 3 日，乌迪诺单方面撕毁协议，再次炮击罗马。6 月 11 日，新山岳派领袖赖德律－洛兰要求议会制止这种践踏宪法的行为，并公开弹劾波拿巴及其内阁，6 月 12 日，国民议会再次否决了弹劾案，山岳党人退出议会。6 月 13 日，山岳党人组织了一场示威游行，最终在秩序党人尚加尔涅的军队威慑下以失败告终。新山岳派在议会中的影响以及小资产者在巴黎的力量名存实亡。

赖德律－洛兰（1807—1874），法国政治家，小资产阶级民主派领袖

（2）1849 年 6 月 13 日—1850 年 5 月 31 日，资产阶级秩序党议会专政时期。6 月 13 日之后，小资产阶级民主派退出历史舞台，法国政治舞台上只剩下秩序党和波拿巴派，秩序党以为自己控制了立法议会，掌握了内阁和军权，开始露出自己的反动面目。由于奥尔良派和正统派在下一届总统候选人问题上发生了严重分歧，这为波拿巴培植自己的党羽提供了契机。1849 年 8—9 月，波拿巴到外省巡游，不断扩大自己的势力。同年 11 月 1 日，波拿巴命令秩序党控

《财政大臣富尔德》（杜米埃漫画作品，1849 年）

制的巴罗内阁辞职，任命奥普尔改组内阁，并委任金
融寡头富尔德为财政部长，至此，秩序党丧失了对行
政权力的领导。这些事件进一步增强了波拿巴从秩序
党手中夺取军权的信心。不过，在采取这一步骤之前，
波拿巴继续耍弄阴谋，与秩序党人狼狈为奸，颁布了
一系列极其反动的法令，最为突出的是 1849 年 12 月
10 日通过的恢复葡萄酒税法案和 1850 年 3 月 15 日
颁布的国民教育法案，即法卢法案。

> 法卢系教育部长，狂热的教权派。此提
> 案因由他提出而得名。此法案规定：凡属教
> 士及教会教友，不论男女，均可担任教育职
> 务，所有初等学校均归教区教士管理。这样，
> 就把国民教育的领导权和监督权授予教会，
> 教会在短时期内就设立了 250 多所中学、13
> 所大学。大批世俗小学教师被免职，教权派
> 完全掌握了教育权。

另一方面，6 月 13 日事件之后，大部分新山岳
党人被逐出立法议会。为了弥补空缺，1850 年 3 月
10 日和 4 月 28 日，立法议会进行了两次补选。然而，
出乎意料的是，在补选的 31 个席位中，新山岳党人
获得了 20 个，这引起了秩序党人的莫大恐慌。他们
认为，出现这种情况完全是由普选权造成的。为了取

消普选权，秩序党组成了一个由梯也尔、贝里耶等 17 人组成的委员会，负责修改选举法。新法案规定，只有在一个地方居住三年并能提供纳税证明的人，才能拥有选举权。此法案一经提出，就在法国引起了强烈不满，不到几天，就有 50 万人参加了请愿运动。尽管如此，1850 年 5 月 31 日，立法议会还是以 433 票对 241 票通过了废除普选权的法案。这一时期，秩序党通过废除普选权完成了自己的统治，但却失去了议会内阁的行政领导权。

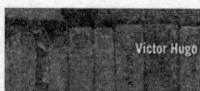

Victor Hugo

Napoléon le Petit
(29e édition)
(Éd.1877)

维多克·雨果（1802—1885）和他讽刺拿破仑三世的小册子《小拿破仑》（第 29 版，1877 年）

（3）1850 年 5 月 31 日—1851 年 12 月 2 日，波拿巴推翻资产阶级统治，恢复帝制，资产阶级共和国覆灭。自 1848 年 12 月起，波拿巴的仇敌、秩序党人尚加尔涅一直控制着军权。为了夺取军权，波拿巴加快了自己的步伐：一方面，大肆收买军心；另一方面，采取狡诈手段，于 1850 年 11 月任命施拉姆为陆军部长，并于 1851 年 1 月 3 日撤销了尚加尔涅的两个要职，许多部长感到震惊，纷纷辞职，波拿巴借机安插自己的亲信。1851 年 1 月 9 日，波拿巴重新改组议会内阁，任命圣让·丹热利为陆军部长，巴拉盖·狄利埃将军

指挥巴黎正规军，佩罗将军指挥国民自卫军。议会失
去了军队的总指挥权，波拿巴控制了军队，这反过来
进一步加剧了秩序党的分裂，使其分解为多个独立的
小党派，最终失去了
议会的多数席位。为
了巩固和加强自己的
统治，波拿巴于 1851
年 12 月 2 日发动军事
政变，夺取政权，议
会制和资产阶级共和
国最终湮灭，法兰西
第二帝国诞生。

蒲鲁东（1809—1865）
和他的谄媚著作《从
十二月二日政变看社
会革命》（1868 年版）

　　以此来看，从 1848 年 2 月到 1851 年 12 月的法
兰西阶级斗争，表现为金融资产阶级、无产阶级、资
产阶级共和派、小资产阶级民主派、秩序党和波拿巴
派等各个派别之间的政治斗争，每个派别轮番上阵，
上演了一场场可悲可泣或尔虞我诈、争权夺利、你死
我活的政治斗争，推动了法国历史的发展。

2.《法兰西阶级斗争》写了什么？

　　《法兰西阶级斗争》着重分析了 1848 年六月起
义、1849 年 6 月 13 日事件及其后果以及 1850 年 5
月废除普选权等重要历史事件。具体而言，《法兰西

1973 年中国人民解放军战士出版社翻印版

人民出版社 2014 年版

巴黎工人六月起义

阶级斗争》共包括四个部分。

第一部分以"1848 年的六月失败"为题，重点分析了 1848 年二月革命和六月起义爆发的原因及过程，深入阐述了六月起义失败的原因。马克思认为，1848 年二月革命的爆发不是偶然的，而是多重因素叠加的必然结果。马克思指出，由于法国工业水平相对落后，致使工人阶级无法看清工业资本家的狰狞面目，将次一级的矛盾即反抗金融资本家的斗争当成了自己的首要任务，因此，在二月革命后，工人阶级沉醉在胜利的喜悦之中，与资产阶级、小资产阶级打成一片、称兄道弟，忘记了自己的历史使命，幻想在资产阶级旁边实现自己的利益。然而，历史实践证明，这只不过是无产阶级的一厢情愿。当资产阶级站稳脚跟之后，就将枪头对准了无产阶级，后者被迫无奈，匆忙发动起义。马克思认为，单是这一点，就注定了无产阶级必然失败。不过，马克思认为，这是无产阶级在成长过程中必须付出的代价，只有经过斗争和失败的洗礼，无产阶级才能不断走向成熟，革命党才能成长为真正的革命党，届时，无产阶级将会更加明确地提出自己的革命要求，即宣布不断革命，推翻资产阶级，建立无产阶级专政。

第二部分以"1849年6月13日"为题，着重分析了资产阶级共和派和小资产阶级民主派的溃败历程。马克思指出，六月起义失败之后，以卡芬雅克为代表的资产阶级共和派掌握政权，开始制定共和国宪法。然而，这部宪法的主要矛盾在于，将普选权赋予资产阶级的对立面即无产阶级、农民阶级和小资产阶级，这为资产阶级共和派的失势埋下了伏笔。由于得到了农民和军队的支持，1848年12月10日，波拿巴在选举中战胜了卡芬雅克，资产阶级共和派落幕。马克思认为，这是农民对资产阶级的选举胜利。在此之后，小资产阶级民主派开始登上政治舞台，与秩序党、波拿巴派展开了你死我活的权力斗争。然而，在联合起来的反动力量面前，小资产阶级最终被逐出议会，只能以1849年6月13日的游行示威来宣告自己的下台。马克思认为，1849年6月是1848年6月的一幅可笑而又可鄙的漫画：由于小资产阶级的背叛，1848年6月，无产阶级陷入命运的深渊；而仅仅一年之后，曾经的叛变者就遭到了历史的报复，走到了自己政治生涯的终点。"建立中的资产阶级共和国，是在1848年6月通过对无产阶级的空前搏斗载入历史出生登记簿的；而已建成的资产阶级共和国，则是在 1849 年 6 月通过它与小资产阶级演出的难以名状的滑稽剧载入这个出生登记簿的。1849 年 6 月是对 1848 年 6 月实行报复的涅墨西斯。1849 年 6 月，并不是工人被打败，而是站在工人与革命之间的小资产者遭到了失败。1849 年 6 月，并不是雇佣劳动与资本之间的一出流血悲剧，而是债务人与债权人之间的一出包藏牢狱之灾的可悲的戏剧。"[1]

涅墨西斯，希腊神话中冷酷无情的复仇女神

第三部分以"1849 年六月十三日事件的后果"为题，重点分析了 6 月 13 日事件之后秩序党内部的分裂及其与波拿巴派的权力斗争。马克思指出，在小资产阶级民主派退出政治舞台之后，法国最终确立了由正统派和奥尔良派联合起来的资产阶级秩序党的统治，而法国政坛也演化为以秩序党为代表的立法权与以波拿巴为代表的行政权之间的斗争。秩序党被暂时的胜利冲昏了头脑，内部出现分裂，波拿巴借机拉拢金融贵族，实现了对议会内阁行政权的控制。另一方面，马克思评析了恢复葡萄酒税法案的后果。1849 年 12 月 20 日，即波拿巴宣布总统就职一周年纪念日，国民议会颁布了恢复葡萄酒税的法案。对此，马克思

1　《马克思恩格斯选集》第 1 卷，人民出版社 1995 年版，第 433 页。

指出，波拿巴之所以能够当选总统，主要是由于农民的支持；然而，这一法案的实施，使农民彻底认清了波拿巴政权的实质。马克思指出，"农民具有一种父子相传的特有的历史传统，他们已从这一历史经验中形成一种信念：任何一个政府要想欺骗农民时，就答应他们废除葡萄酒税，而当它一旦骗取了农民的信任时，就把葡萄酒税保留或恢复起来。农民根据葡萄酒税来鉴别政府的气味，判断政府的倾向。12 月 20 日恢复葡萄酒税的事实表明，路易·波拿巴是和别人一样的"[1]，"1849 年 12 月 20 日不可挽回地断送了 1848 年 12 月 20 日的名声"[2]。这必然促使农民认识到，只有无产阶级才是自己的天然同盟军，也只有联合无产阶级，才能推翻资本，推翻资产阶级统治，真正实现自己的利益和目标，由此提出了工农联盟思想。

《所有的葡萄都病了》（杜米埃漫画作品）

第四部分以"1850 年普选权的废除"为题，揭示了资产阶级普选权的实质，并对无产阶级革命条件作出了诊断。1850 年 3 月和 4 月，立法议会进行了补选，出乎意料的是，新山岳派在补选中获得了多数

1　《马克思恩格斯选集》第 1 卷，人民出版社 1995 年版，第 453—454 页。
2　《马克思恩格斯选集》第 1 卷，人民出版社 1995 年版，第 452 页。

席位，这引起了秩序党的恐慌。为了更好地实现自己的政治图谋，1850 年 5 月 31 日，立法议会通过了废除普选权的法案。制宪会议时期，资产阶级共和派为了赢得大选，将普选权赋予了它的对立面，即农民阶级、无产阶级和小资产阶级；然而，吊诡的是，这一举措不仅没有使卡芬雅克当选，反而加速了资产阶级共和派的落幕，将波拿巴推上了总统宝座。与此相反，由于害怕普选权带来的不可预测的风险，秩序党人又废除了普选权。对此，马克思指出，就像葡萄酒税是统治阶级用来欺骗和利用农民的托辞一样，普选权也只不过是资产阶级用来欺骗人民的工具。另一方面，马克思对无产阶级革命时机作出了诊断。他指出，在工商业普遍繁荣时，无产阶级是不可能起来革命的，只有当生产力与资产阶级生产关系发生矛盾时，革命才有可能，而经济危机就是这种矛盾的标志。因此，马克思断言，新的革命，只有在新的危机之后才有可能，进而将革命的希望寄托在经济危机之上，并坚信，新的革命犹如新的危机一样必然会到来。

五、《法兰西阶级斗争》在理论上作了什么推进?

《法兰西阶级斗争》和《路易·波拿巴的雾月十八日》是马克思的政治学经典著作,除此之外,其中还蕴含着非常丰富的哲学思想,是我们理解马克思后来思想发展的重要环节。

1. 市民社会与国家的关系的再认识

在克罗伊茨纳赫时期,马克思通过对法国大革命的研究,看到了财产权在现实历史中的决定作用,从而认识到黑格尔理性主义国家观的颠倒性,得出了"不是国家决定市民社会,而是市民社会决定国家"的唯物主义结论。到了《论犹太人问题》中,马克思则明确区分了两种不同的市民社会:一是作为一切物质关系总和的广义市民社会;一是现代资产阶级社会,即狭义的市民社会。在《德意志意识形态》中,随着科学生产理论的确立,他对广义市民社会作出了明确界定，所谓的"市民社会"就是指所有交往关系的总和，它"是全部历史的真正发源地和舞台"[1]。以此为基础，他从历史唯物主义的角度对市民社会与国家的关系作出了科学说明："市民社会这一名称始终标志着直接从生产和交往中发展起来的社会组织，这种社会组织在一切时代都构成国家的基础以及任何其他的观念的上层建筑的基础。"[2] 截至《德意志意识形态》，马克思对市民社会与国家的关系的判断，始终都是从市民社会决定国家的视角出发的，而国家究竟会对市民社会产生什么样的反作用，似乎并没有引起马克思的注意。

亚当·弗格森（1723—1816）和《市民社会史》（中国政法大学出版社 2003 年）

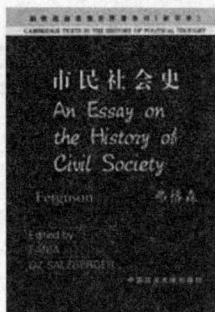

然而，1848 年前后的法国革命却给了马克思极大触动。通过这次革命，马克思清楚地看到，国家不仅可以独立于市民社会，而且还可以凌驾于市民社会之上，监控、影响着市民社会的一切。他指出，统治阶级的利益始终是与国家机器紧密联系在一起的。为

1 《马克思恩格斯选集》第 1 卷，人民出版社 1995 年版，第 88 页。
2 《马克思恩格斯选集》第 1 卷，人民出版社 1995 年版，第 131 页。

了加强自身统治，他们必然会全面利用国家机器的威慑，"加强政府权力的工具"，实现对市民社会的全面操控，把原本属于"社会成员的自主行动"变为"政府活动的对象"，"在法国这样的国家里，行政权支配着由 50 多万人组成的官吏大军，也就是经常和绝对控制着大量的利益和生存；在这里，国家管制、控制、指挥、监视和监护着市民社会——从它那些最广大的生活表现起，直到最微不足道的行动止，从它的最一般的生存形式起，直到个人的私生活止；在这里，这个寄生机体由于非常的中央集权而无处不在，无所不知，并且极其敏捷、极其灵活，

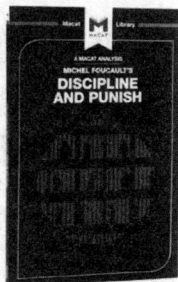

米歇尔·福柯（1926—1984）和《规训与惩罚》英文版

同时现实的社会机体却又是极无自动性、极其软弱、极不固定"。[1] 借助于"庞大的官僚机构和军事机构"以及"复杂而巧妙的国家机器"，统治阶级能够实现对市民社会的"全面的直接的干涉"，结果，作为"可怕的寄生机体"的国家成为一种完全独立的东西，"俨如密网一般缠住法国社会全身并阻塞其一切毛孔"[2]，监控、管制着市民社会的一切领域。于是，"国家权

1　参见《马克思恩格斯选集》第 1 卷，人民出版社 1995 年版，第 623—624 页。

2　《马克思恩格斯选集》第 1 卷，人民出版社 1995 年版，第 675 页。

力和社会之间的对立以纯粹的形态表现出来"[1]。这表明，任何政党只要掌握了国家机器，就可以凭借它的恐怖力量全面操控市民社会，所以，"一切变革都是使这个机器更加完备，而不是把它摧毁。那些相继争夺统治权的政党，都把这个庞大国家建筑物的夺得视为胜利者的主要战利品"[2]。与此相反，无产阶级必须彻底打碎资产阶级国家机器，建立无产阶级专政。

以此来看，与《德意志意识形态》相比，马克思此时对市民社会与国家的关系的分析，无疑精进了不少：打破了市民社会决定国家的单向度的思维模式，详细分析了政治国家对市民社会的反作用，进一步完善了历史唯物主义基本原理。更为重要的是，这为他深化无产阶级与意识形态的关系问题，提供了一个崭新的突破口。

2. 意识形态与无产阶级专政理论的深化

在《德意志意识形态》中，马克思、恩格斯制定了自己的意识形态理论，但就其实质而言，这是一种国家权力批判理论。从这一逻辑出发，马克思、恩格斯认为，作为被统治阶级，无产阶级必然从一开始就

1　《马克思恩格斯选集》第1卷，人民出版社1995年版，第684页。
2　《马克思恩格斯选集》第1卷，人民出版社1995年版，第676页。

能将自己的利益同资产阶级的利益界划开来，实现与
政治国家和统治阶级意识形态的彻底决裂，产生彻底
革命的共产主义意识，成为
未来社会的新主体。然而，
1848 年欧洲大革命却给了马
克思一个极大触动。在革命
中，无产阶级并没有像他们
所预言的那样，彻底摆脱资
产阶级意识形态的束缚，成
为共产主义革命的真正代言人，相反，他们却陷入国
家意识形态和经济拜物教的双重束缚之中。

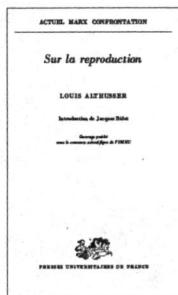

路易·阿尔都塞
（1918—1990）与《再
生产》一书（1995 年）
扉页，本书收录了
《意识形态和意识形
态国家机器》一文

　　第一，此时马克思看到，无产阶级根本没有认清
资产阶级的狰狞本质，与他们彻底决裂，相反，而是
对他们心存幻想，盲目轻信资产阶级共和国的意识形
态谎言，放弃了自身的阶级立场。这主要体现在二月
革命到六月起义这段时间内。由于代表金融资产阶级
利益的"七月王朝"推行极端的反动政策，反对任何
政治改革和经济改革，阻碍了资本主义发展，加剧了
对无产阶级和农民的盘剥，再加上农业歉收和经济危
机，直接导致了二月革命的爆发。这一革命的直接后
果就是推翻了金融资产阶级的统治，成立了资产阶级
临时政府。在革命之后，资产阶级为了消散工人的革
命热情，在意识形态的宣传上也由原来的"革命"变
成了"法兰西共和国! 自由，平等，博爱! "然而，

工人阶级并没有识破资产阶级意识形态的谎言，竟天真地接受了这种意识形态，于是，在他们的眼中，"一切保皇党人都变成了共和党人，巴黎所有百万富翁都变成了工人。与这种在想象中消灭阶级关系相适应的词句，就是博爱——人人都骨肉相连、情同手足。这样和气地抛开阶级矛盾，这样温柔地调和对立的阶级利益，这样想入非非地超越阶级斗争，一句话，博爱……巴黎无产阶级就沉醉在这种宽大仁慈的博爱气氛中了"[1]。在革命中，他们并没有抛掉一切陈旧肮脏的东西，并没有形成彻底的革命意识，而是沉浸在资产阶级的糖衣炮弹之中，忘却了自己的历史使命，力图把本阶级革命目标的实现寄托在资产阶级身上，

巴黎工人六月起义

他们幼稚地以为能够"在资产阶级旁边实现自己的利益"，"能在资产阶级身旁谋求自身解放，同样，他们也认为能够与其他资产阶级国家并肩实现法国国内的无产阶级革命"[2]。这就意味着，只要资产阶级还没有露出狰狞的本质，无产阶级就不会主动将革命进行到底，用实际行动推翻资产阶级统治，而只会"在观念中、

1　《马克思恩格斯选集》第 1 卷，人民出版社 1995 年版，第 387 页。
2　《马克思恩格斯选集》第 1 卷，人民出版社 1995 年版，第 385 页。

在想象中越出资产阶级共和国的范围，而当需要行动的时候，他们的活动却处处都为资产阶级共和国效劳"[1]。这种对资产阶级意识形态的盲目宠信，使无产阶级在日后的斗争中处于相当被动的地位，这为资产阶级窃取二月革命的果实提供了时间。当他们在政治上站稳脚跟之后，就撕碎了那种和谐博爱的面孔，

巴黎街头的街垒

露出了狰狞邪恶的本质，将枪口对准无产阶级，誓要把工人从临时政府中清除出去。在这种情况下，无产阶级才真正看清资产阶级的本质，然而，他们却丧失了革命的主动权，完全陷入被动挨打的境地，他们已经"没有选择的余地：不是饿死，就是斗争"[2]。于是，1848年6月22日，"巴黎无产阶级在资产阶级逼迫下发动了六月起义"[3]。这一起义既不是无产阶级自己公开、主动要求"用武力推翻资产阶级；也不是无产阶级已经到了有能力解决这个任务的地步"[4]，而是在资产阶级的逼迫下被动应战，单是这一点，就注定了无产阶级必然会失败。

1　《马克思恩格斯选集》第1卷，人民出版社1995年版，第396页。
2　《马克思恩格斯选集》第1卷，人民出版社1995年版，第398页。
3　《马克思恩格斯选集》第1卷，人民出版社1995年版，第400页。
4　《马克思恩格斯选集》第1卷，人民出版社1995年版，第400页。

这种被动局面完全是由无产阶级盲目轻信资产阶级意识形态进而丧失了革命的最佳时机造成的，那么，无产阶级为什么会如此轻易地受到资产阶级意识形态的蒙蔽呢？马克思认为，根本原因在于法国工业水平的落后。在当时的法国，社会阶级结构还没有简化为资产阶级和工人阶级的二元对立，而是存在多元的复杂结构：除了工业资产阶级和工人阶级外，还存在金融资产阶级、高利贷资产阶级、小资产阶级、农民等，阶级矛盾更是多重林立，而"反对次一等的资本剥削方式的斗争，即农民反对高利贷和反对抵押制的斗争，小资产者反对大商人、银行家和工厂主的斗争"[1]，构成了当时法国社会的主要矛盾。这就意味着具有现代意义的工业工人反对工业资产阶级的斗争，"在法国只是局部现象"，而无法"成为革命的全国性内容"[2]。这种工业水平的落后，导致无产阶

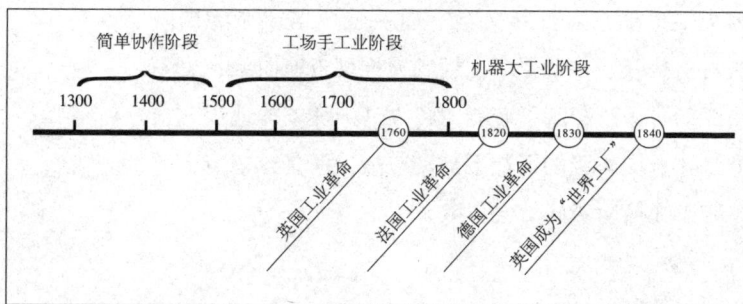

英法德工业革命时间表

1 《马克思恩格斯选集》第 1 卷，人民出版社 1995 年版，第 386 页。
2 《马克思恩格斯选集》第 1 卷，人民出版社 1995 年版，第 386 页。

级必然会把次一级的矛盾，如金融资产阶级和高利贷资产阶级，当成自己的主要敌人，低估了工业资产阶级的反动性，从而才会轻信他们的虚假承诺，"所以，无怪乎巴黎无产阶级力图在资产阶级利益旁边实现自己的利益，而不是把自己的利益提出来当

《金融寡头》（漫画）

作社会本身的革命利益；无怪乎它在三色旗面前降下了红旗"[1]。然而，六月革命的失败证明，只要无产阶级还对工业资产阶级抱有一丝幻想，就不可能真正实现自己的历史使命，"它的失败才使它确信这样一条真理：它要在资产阶级共和国范围内稍微改善一下自己的处境只是一种空想，这种空想只要企图加以实现，就会成为罪行。于是，原先无产阶级想要强迫二月共和国予以满足的那些要求，那些形式上浮夸而实质上琐碎的、甚至还带有资产阶级性质的要求，就由一个大胆的革命战斗口号取而代之，这个口号就是：推翻资产阶级！工人阶级专政！"[2]这种专政"就是宣布不断革命，就是无产阶级的阶级专政！"[3]它是向未来更高社会形态的一个过渡阶段。

　　第二，此时马克思看到，工人不仅会受到资产

1　《马克思恩格斯选集》第1卷，人民出版社1995年版，第386页。

2　《马克思恩格斯选集》第1卷，人民出版社1995年版，第400页。

3　《马克思恩格斯选集》第1卷，人民出版社1995年版，第462页。

阶级意识形态的蒙蔽，而且还会陷入现代经济社会滋生的金钱拜物教之中，为了眼前的经济利益而放弃本阶级的长远目标。马克思指出，在 1848 年法国革命中，无产阶级并没有表现出应有的阶级意识，除了受到资产阶级意识形态的蒙蔽之外，还有一个极其重要的原因，就是无产阶级陷入了现代经济社会的金钱拜物教之中。马克思指出："我们还不应当忘记，1850年是少有的工商业繁荣的年头，所以当时巴黎的无产阶级有充分就业的机会。可是 1850 年 5 月 31 日的选举法根本剥夺了无产阶级参政的权利，甚至断绝了他们接近战场的机会。这个法律使工人回复到他们在二月革命以前所处的贱民地位。面对着这样的事变，他们却让民主派来驾驭自己，为了一时的安逸而忘记了自己阶级的革命利益，他们放弃了作为致胜力量的光荣，屈服于自己的命运，并且表明，1848 年6 月的失败使他们长期丧失了战斗能力，最近的历史进程又要撇开他们而向前发展。"[1] 同样，恩格斯在《去年十二月法国无产者相对消极的真正原因》中也明确指

《上帝的进化》（漫画）

_____

1　《马克思恩格斯选集》第 1 卷，人民出版社 1995 年版，第 631—632 页。

出："最后，还存在工商业非常繁荣这个事实，它本身就足以向拿破仑保证，工人阶级的绝大多数会保持中立。而英国人十分清楚：如果能够保证工人们有工可做并能得到较高的劳动报酬，那就不会发生骚动，更不要说革命了。"[1]此时马克思、恩格斯已经清楚地意识到，只要工人能够获得足够的就业，能够得到一定的报酬，他们就情愿为了一点可怜巴巴的工资而放弃自己的革命利益。工商业越是繁荣，工人阶级越是如此，

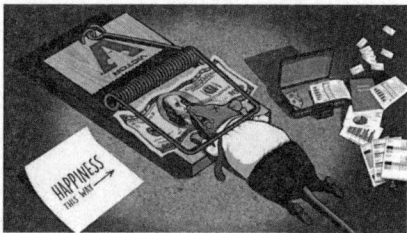

《货币的魔力》(漫画)

"商业和工业的繁荣，阻碍了无产阶级进行任何革命的尝试"[2]。这样一种心理恰恰成为路易·波拿巴政府侵蚀工人革命意志的手段，它不断地"用黄金梦来排除巴黎无产阶级的社会主义梦想，用可望中头彩的诱人幻景来驱除作为教义的劳动权"[3]。然而，巴黎的工人们却没有认出这种"黄金梦"的实质，而是一股脑地投入这种金钱的游戏之中。这种金钱拜物教对工人阶级产生了极为恶劣的影响，严重侵蚀了他们的革命斗志，使他们沦为金钱的奴隶，最终放弃了武装革命的念头。"无产阶级中有一部分人醉心于教条的

1　《马克思恩格斯全集》第11卷，人民出版社1995年版，第262页。
2　《马克思恩格斯选集》第1卷，人民出版社1995年版，第473页。
3　《马克思恩格斯选集》第1卷，人民出版社1995年版，第643页。

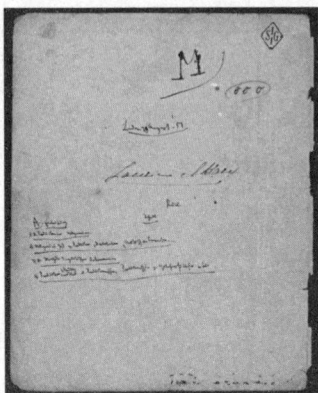

《〈1857—1858 年
经济学手稿〉导言》
封面

《资本论》第一卷德
文第一版(1867年)
扉页

实验，醉心于成立交换银行和工人团体，换句话说，醉心于这样一种运动，即不去利用旧世界自身所具有的一切强大手段来推翻旧世界，却企图躲在社会背后，用私人的办法，在自身的有限的生存条件的范围内实现自身的解放，因此必然是要失败的。"[1]

在这里，可以看出，上述两个方面的差异：一是资产阶级国家意识形态，它是统治阶级的理论虚构或虚假承诺；二是现代资产阶级社会自身滋生的拜物教现象，它不是统治阶级的理论虚构，而是客观存在的现实，因为在现代社会中，每个个体都生活在这种日常生活之中。这是两个互为一体却又存在明显差别的不同层面。然而，此时马克思还无法看透这两个层面之间的内在关系：资产阶级国家的自由、平等、博爱等意识形态，恰恰是现代资产阶级货币流通关系在法律、政治上

1 《马克思恩格斯选集》第1卷，人民出版社1995年版，第592页。

的另一次方而已，这一点在《1857—1858 年经济学
手稿》、《1861—1863 年经济学手稿》和《资本论》
中得到了充分诠释。另一方面，这两个
层面促使马克思意识到，现代资产阶级
社会并不是一个纯粹的经济过程，而是
经济、政治、文化、国家意识形态、日
常意识形式相互作用的过程，如果只是
直观地面对日常生活，只站在生活世界
的外在层面，不仅不能透视生活世界的
内在本质，相反，还会堕入统治阶级的
意识形态和经济拜物教的陷阱之中。因
此，无产阶级如何才能摆脱资产阶级国
家意识形态和经济拜物教的双重束缚，
就是他后期经济学研究必须解决的一个
理论难题。

恩格斯整理出版的
《资本论》第二卷
（1885 年）扉页

3. 农民的觉醒与工农联盟

在马克思理想化的资本主义模型中，
农民是不存在的，但当他把分析对象聚
焦于某个具体国家（如法国）时，他就会
看到农民其实构成了国民的重要组成部分。然而，这
并不意味着马克思的再生产模型错了，卢森堡恰恰不
理解这一点。她不懂得科学抽象和现实具体的辩证法：

恩格斯整理出版的
《资本论》第三卷
（1894 年）扉页

前者作为一种抽象并不是纯粹思维虚构的结果，而是资本主义发展的客观趋势，它并不会因为某些具体国家还存在农民而有所改变，这是两个完全不同的层面。

在《法兰西阶级斗争》和《路易·波拿巴的雾月十八日》中，马克思就详细分析了农民的历史作用及其发展趋向。他指出，在法国社会中，农民的意识非常复杂，它同时兼有两种形式：传统日常意识和现代日常意识。[1]

由于法国的具体国情，即小块土地分割制，使小农成为法国社会中为数众多的群体，他们的生活条件相同，但彼此间并不存在多种多样的联系。"他们的生产方式不是使他们互相交往，而是使他们互相隔离。这种隔离状态由于法国的交通不便和农民的贫困而更为加强了。他们进行生产的地盘，即小块土地，不容许在耕作时进行分工，应用科学，因而也就没有多种多样的发展，没有各种不同的才能，没有丰富的社会关系。每一个农户差不多都是自给自足的，都是直接生产自己的大部分消费品，因而他们取得生活资料多半是靠与自然交换，而不是靠与社会交往。"[2] 这一状况决定了农民意识必然带有传统的、落后的封建意识，而无法形成全国性的联系，形成政治组织和属于

1　参见《马克思恩格斯选集》第 1 卷，人民出版社 1995 年版，第 679 页。

2　《马克思恩格斯选集》第 1 卷，人民出版社 1995 年版，第 677 页。

本阶级的阶级意识,就这一点而言,他们并不是一个内在统一的阶级。因此,他们不能以自己的名义来保护自己的阶级利益。"他们不能代表自己,一定要别人来代表他们。他们的代表一定要同时是他们的主宰,是高高站在他们上面的权威,是不受限制的政府权力,这种权力保护他们不受其他阶级侵犯,并从上面赐给他们雨水和阳光。所以,归根到底,小农的政治影响表现为行政权支配社会"[1]。正是这样一种保守性,使得他们为波拿巴利用,窃取了国家政权,就这一点而言,"波拿巴王朝所代表的不是革命的农民,而是保守的农民;不是力求摆脱其社会生存条件即小块土地的农民,而是想巩固这种条件的农民;不是力求联合城市并以自己的力量去推翻旧制度的农村居民,而相反,是愚蠢地拘守这个旧制度,期待帝国的幽灵来拯救自己和自己的小块土地并赐给自己以特权地位的农村居民。波拿巴王朝所代表的不是农民的开化,而是农民的迷信;不是农民的理智,而是农民的偏见;不是农民的未来,而是农民的过去;不是农民的现代的塞文,而是农民的现代的旺代"[2]。

拿破仑三世一家合影

1　《马克思恩格斯选集》第 1 卷,人民出版社 1995 年版,第 678 页。
2　《马克思恩格斯选集》第 1 卷,人民出版社 1995 年版,第 678 页。

> 塞文是法国南部朗基多克省的一个山区，1702—1705 年爆发了农民起义，被称为"卡米扎尔"（"穿衬衫的人"）起义。由于新教徒遭受迫害而引起的这些起义具有明显的反封建性质，塞文因此成为革命策源地的代名词。
>
> 旺代是法国西部的一个省，1793 年春季，该省经济落后地区的农民在贵族和僧侣的唆使与指挥下举行反对法国大革命的暴动，围攻并夺取了共和国军队所防守的索米尔城。暴动于 1795 年被平定，但是在 1799 年和以后的年代中又多次试图叛乱。旺代因此成为反革命叛乱策源地的代名词。

另一方面，随着法国资本主义的发展，农民也会形成具有时代特征的现代日常意识，这首先表现为货币拜物教观念。马克思指出："在资本主义生产占统治地位的社会状态内，非资本主义的生产者也受资本主义观念的支配。"[1]农民作为社会的最底层，不可能理解资本主义社会的运行机制，更不可能自发地认识到资本主义日常观念的欺骗性，因此，在资本主义社会生活的农民，自然也无法摆脱资本主义观念拜物

---

[1]　《马克思恩格斯全集》第 46 卷，人民出版社 2003 年版，第 47 页。

教的束缚。马克思以法国文学家巴尔扎克的小说《农民》为例揭示了这一点。他指出，巴尔扎克的这部小说深刻揭示，农民会为了减少自己的货币支出，主动放弃反抗，情愿接受高利贷者的剥削，最终越来越深地陷入货币拜物教的旋涡之中，沦为一个不可挽救的可怜虫。[1]

其次，农民也会受到资本主义国家意识形态的束缚。在封建社会中，农民在政治上是以人身依附关系为前提的，他们根本不具有独立的人格；但在资产阶级社会中，他们在法律上却是一个独立的个体，拥有投票权。可是，由于农民无法形成内在统一的阶级，注定了他们没有自己的代表，而只能通过别人来代表，这就为资产阶级进行意识形态渗透留下了空当。路易·波拿巴就是利用农民的这一特点，先向农民许以好处，答应他们废除葡萄酒税，以此来骗取农民的信任，最终赢得了总统选举。这表明，农民一开始是没有能力鉴别资产阶级意识形态的虚假性的，而会陷入资产阶级意识形态的圈套和虚假承诺之中。

传统意识和资产阶级意识形态的蒙蔽会使农民的

巴尔扎克（1799—1850）和他的长篇小说《农民》中译本

1　参见《马克思恩格斯全集》第46卷，人民出版社2003年版，第47页。

保守性更加强化，但这并不意味着农民只会一味地甘于忍受。马克思指出，在法国，随着资产阶级狰狞本性的暴露，农民定能识破资产阶级意识形态的虚假性，克服保守意识，冲破资产阶级拜物教的束缚，同无产阶级结成坚强的革命联盟。"农民所受的剥削和工业无产阶级所受的剥削，只是在形式上不同罢了。剥削者是同一个：资本。单个的资本家通过抵押和高利贷来剥削单个的农民；资本家阶级通过国家赋税来剥削农民阶级。农民的所有权是资本迄今为止用来支配农民的一种符咒；是资本用来唆使农民反对工业无产阶级的一个借口。只有资本的瓦解，才能使农民地位提高；只有反资本主义的无产阶级的政府，才能结束他们经济上的贫困和社会地位的低落。"[1]一旦法国农民认识到这一点，他们就会"把负有推翻资产阶级制度使命的城市无产阶级看作自己的天然同盟者和领导者"，同他们联合起来，反对他们共同的敌人：资本。届时，革命的种子将会在农村逐步生长起来，在全国各地生根发芽，迅速"农民化"。到了这时，农民"就会把对于自己小块土地的信念抛弃；那

《资本家的挥霍，
需要千万人的牺牲》
（漫画）

---

[1]　《马克思恩格斯选集》第 1 卷，人民出版社 1995 年版，第 456 页。

时建立在这种小块土地上面的全部国家建筑物，都将会倒塌下来，于是无产阶级革命就会得到一种合唱，若没有这种合唱，它在一切农民国度中的独唱是不免要变成孤鸿哀鸣的"[1]。

4. 经济危机与革命的辩证关系

马克思毕生的任务是"为我们的党取得科学上的胜利"[2]，这种政治责任感决定了他必须要真实揭示无产阶级革命爆发的客观条件。从此时来看，他认为，这种客观条件就是经济危机。他在 1849 年 12 月给魏德迈的信中充满激情地写道："我几乎不怀疑，还没有来得及出三期或许两期月刊，世界大火就会燃烧起来，而《政治经济学》连写完草稿的机会也没有了。"[3] 而在《法兰西阶级斗争》中他又进一步重申道："在这种普遍繁荣的情况下，即在资产阶级社会的生产力正以在整个资产阶级关系范围内所能达到的速度蓬勃发展的时候，也就谈不到什么真正的革命。只有在现代生产力和资产阶级生产方式这两个要素互相矛

《把脉经济》（漫画），图中人物从左到右分别是斯密、马克思、熊彼特和凯恩斯

1　《马克思恩格斯选集》第 1 卷，人民出版社 1995 年版，第 684 页。
2　《马克思恩格斯全集》第 29 卷，人民出版社 1972 年版，第 554 页。
3　《马克思恩格斯全集》第 27 卷，人民出版社 1972 年版，第 538 页。

盾的时候，这种革命才有可能……新的革命，只有在新的危机之后才可能发生。但它正如新的危机一样肯定会来临。"[1] 以此来看，此时马克思在经济危机与革命之间建立了直接依赖关系，把革命奠基于危机之上。

附八：资本主义经济危机年表

第一次经济危机：1788—1789 年。

第二次经济危机：1792—1794 年，物价下降，破产增加，1793 年英国对法国宣战，对欧洲的出口大幅下降，物价急跌。

第三次经济危机：1797—1798 年，始于英国农业歉收，工业品需求下降。

第四次经济危机：1810—1814 年，英国农业再度歉收，物价下跌。

第五次经济危机：1816—1817 年，英国破产事件。

第六次经济危机：1819—1822 年，消费品减少三分之一，英国破产超过第五次高点。

第七次经济危机：1825—1826 年，物价下跌，纺织品设备开工率下降一半。

1　《马克思恩格斯选集》第 1 卷，人民出版社 1995 年版，第 470—471 页。

第八次经济危机：1837—1843 年，银行业收缩，美国经济极度下滑，工业产品需求萎缩。

第九次经济危机：1847—1850 年，始于铁路危机，波及英法美，造成工业危机。

第十次经济危机：1857—1858 年，始于棉产品价格上涨，靠空头支票的进口商大量破产，银行破产，波及其他工业。

第十一次经济危机：1867—1868 年，铁路建设、造船业等工业生产下降，缩小工业需求，粮食歉收。

第十二次经济危机：1873—1879 年，首次由金融引发，维也纳股票交易所的铁路股票大跌，美国最具实力的银行因投资铁路破产，后面引发重工业危机，轻工业波及较小。

第十三次经济危机：1882—1883 年，美国铁路建设退潮，加深英国危机，重工业下降，银行、企业倒闭，失业率上升。

第十四次经济危机：1890—1893 年，德国股市暴跌，此后股价连续两年下跌，破产事件严重，铁路建筑缩减一半以上，粮食歉收。

第十五次经济危机：1900—1903 年，

始于 1899 年俄罗斯金融危机，波及工业。随后法、德、比、英、美跟进，同期日本爆发经济危机。

第十六次经济危机：1907—1908 年，美国信贷机构大量破产，失业率上升，波及重工业。

第十七次经济危机：1929—1933 年，始于美国，美国工业生产急剧下降，证券市场暴跌，失业率大增，波及英国，从而使英国宣布放弃金本位。

第十八次经济危机：1948—1949 年，美国短暂繁荣后爆发，失业率大增，工业指数下降，主要由战后国际国内市场缩小引发。

第十九次经济危机：1972—1974 年，又称第一次石油危机，油价暴涨造成美国滞胀，蔓延全球，主要国家生产停滞或缓慢，引发通货膨胀；日本紧缩金融政策，导致经济滞涨。

第二十次经济危机：1979—1982 年，又称第二次石油危机，国际油价飙涨，高物价、高通胀引发英国危机，随后波及欧美及日本。失业率、企业倒闭率创战后新低，同期发生南美债务危机。

第二十一次经济危机：1990—1992 年，

又称第三次石油危机，从美国开始，随后发
展到加拿大、日本、欧洲与澳大利亚，同期
日本经济崩溃。

　　第二十二次经济危机：1997—1998 年，
又称亚洲金融危机。始于泰铢贬值，美国支
持索罗斯及其财团发动针对中国的金融战
争，最终终结于中国香港。

　　第二十三次经济危机：2008 年至今，
始于美国次贷危机，引发欧洲债务危机，引
发全球经济危机。

　　如何看待这一观点呢？首先必须承认，这是他利
用历史唯物主义原理来解释资本主义灭亡的一种积极
尝试。生产力与生产关系之间的内在矛盾是一切历史
发展的根本动力，而经济危机就是资产阶级社会内在
矛盾的外在体现。因此，当他把革命置于危机之上时，
实际上是试图证明只有把革命奠基于生产力与生产关
系的内在矛盾之上才是可行的。换言之，如果没有资
本主义发展以及资本主义内在矛盾的全面展开，革命
本身是不可能的。这是马克思对革命时机的一个基本
判断，这一点必须予以肯定。

　　但是，不得不承认，此时他的观点还存在许多不
成熟的地方。

　　第一，从危机理论来看，他显然过高估计了危机

的破坏力，把危机当作资产阶级社会的"病理性"标志，没有认清危机的内在本质；同时，他将革命置于危机之上，直接确立了革命与危机之间的依赖关系，显然对革命形势的判断过于乐观了。直到在后面的经济学手稿中，他才建立起科学的危机理论。那时，他已清楚地认识到，资本主义经济危机只是资本主义发展的"生理周期"，它本身还不能证明资本主义灭亡的必然性，只有资本主义生产关系的再生产危机，才是资产阶级生产方式内在的不可克服的界限，因此，只有立足于再

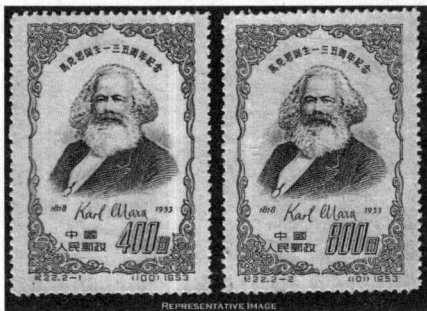

1953 年马克思诞辰
135 周年，中国发行
的纪念邮票

1967 年《资本论》
出版 100 周年，苏联
发行的纪念邮票

生产理论，才能真正证明资本主义生产方式的历史性、暂时性，没有科学的再生产理论，就不会有科学的危机理论。这也意味着，要想制定科学的危机理论，就必须把理论的支点推进到再生产过程之中，这恰恰是他后面要着手进行的工作。

　　第二，此时马克思之所以把革命建立在工商业危机之上，除了客体向度外，还有主体向度的原因。此

时他认识到，在工商业普遍繁荣的情况下，工人会为了眼前利益而陷入资产阶级意识形态和经济拜物教的双重束缚当中，忘记自己的历史使命。于是，他自然会认为，只有在经济危机中，工人才会从眼前的拜物教中苏醒过来，找回自己的斗志，形成暴风雨般的革命热情。实际上，这一判断也是不科学的，因为工商业危机一旦过去，社会经济出现复苏，工人又必然会再次陷入拜物教的束缚当中。因此，仅仅停留在工商业危机的外在层面上，马克思是无法为工人找到一条彻底摆脱资产阶级意识形态和拜物教束缚的科学之路的。要想真正做到这一点，就必须深入到资产阶级社会的内在矛盾之中，从资产阶级社会的再生产过程出发，来探究无产阶级与意识形态、拜物教的内在关系。只有到了这时，他才能为这一问题提供科学解答，而这正是《资本论》及其手稿所要解决的难题之一。

六、恩格斯如何评价《法兰西阶级斗争》？

晚年恩格斯

《新时代》1894—
1895 年第 13 年卷第
2 册发表的恩格斯的
《导言》

1895 年，恩格斯将这组文章以单行本在柏林出版，并为其撰写了一个导言。这个导言也被称为恩格斯的"政治遗嘱"。40 多年之后，恩格斯为什么要重新出版这一著作？与 19 世纪四五十年代相比，当时资本主义发生了怎样的新变化？或者说，恩格斯是在什么样的背景下写作这个导言的？恩格斯又是如何评价这部著作的？在导言中，恩格斯提出了什么样的新观点？

1. 恩格斯"政治遗嘱"写作的时代背景

随着世界历史的发展，19 世纪 70 年代以来，资

本主义出现了一些新情况新变化新发展。这些新变化
对当时人们关于资本主义的本质特点和发展趋势的认
识产生了较大影响，并成
为世界社会主义运动内部
在理论和实践上产生分歧
的一个重要根源。这些新
变化涉及经济、政治、意
识形态与国际政治等各个方
面，标志着资本主义从古典
形态向现代形态的转变。

1875 年的欧洲工厂

　　股份公司与垄断组织：资本主义经济领域的新
变化。（1）资本主义经济出现持续性萧条。自 19 世
纪 40 年代中期到 19 世纪 70 年代初期，资本主义经
济经历了一场不同寻常的转变，虽然这一过程曾被
1847 年危机和 1857 年的经济萧条暂时阻隔，但是并
没有因此被打断。在这一时期，整个世界成了资本主
义世界，一部分有影响力的"先进"国家实现了工业
化，这种增长势头在 19 世纪 60 年代以更大的规模继
续攀升，并在 1871—1873 年间达到繁荣的顶峰。然而，
在此之后，资本主义的繁荣却很快地就被经济萧条
取代了。自 1873 年起，世界经济的特征便是空前的
骚动和商业不景气，继而在 1876 年、1882 年和 1886
年出现了持续性的"大萧条"。

　　（2）股份公司的出现，产生了所谓的"资本的

人民化"现象。随着资本主义的发展，单个资本家所拥有的财力已经远远不能适应资本对利润的追逐，在这种情况下，股份公司作为一种新的形式登上了历史舞台。它通过发行股票、出售股份的形式将大量的个人资本或雇佣劳动者手中的闲散资本转化为一种新型的资本：社会资本。这种资本集中方式明显地改变了过去仅仅只能通过企业集中来实现财产集中的操作方式，是公司发展史上的一次重大革命。这种集资方式的改变为资产阶级美化资本主义提供了契机：由于大量的雇佣劳动者也可以购买一定的股票，这就给人一种外在的假象，似乎工人阶级已经不再是传统意义上任人剥削的雇佣劳动者了，现在他们都摇身一变成了资本的主人。于是，传统意义上雇佣工人与资本之间的矛盾似乎不存在了，仿佛一夜之间人人都成了"资本家"，整个资本主义成了"人民的资本主义"。可以说，资本的这种"人民化"趋势是股份公司的资本社会化带来的必然后果。因此，如何从理论上认识这种新变化，就成为当时无产阶级理论家必须严肃面对的问题，而对这一问题的不同回答，也必然会在现实中产生不同的道路。

（3）与经济发展和股份公司相伴随，出现了托拉斯、辛迪加、卡特尔等垄断组织。19世纪70—80年代，资本主义发展进入一个新的历史时期。在列宁看来，20世纪六七十年代，"是自由竞争发展到顶

点的最高阶段"，同时也是"卡特尔广泛发展时期"。[1] 80
年代之后，垄断组织在欧美各国逐步扩展开来；到了
90 年代，美国各主要工业部门已普遍地建立
了托拉斯。一时间，资本主义生产企业之间
的无序竞争被各大企业集团的垄断所代替，
垄断成了这一时期最引人注目的时代特征，
标志着资本主义从自由竞争时代向垄断资本
主义的转变。随着这种转变，资本主义社会
发生了重大改变。在自由竞争时代，市场活动的主体
是单个资本家，他们独自经营、自成一体，为了获得
更多的利润，他们必须与其他资本家进行激烈竞争，
成为看不见的手的奴隶，致使整个社会处于一种无政
府状态。而在垄断时期，大
型垄断企业代替单个资本家，
成为市场活动的主体，它们
可以根据市场的需要来"规
划"自己的生产，使整个资
本主义摆脱原来的无政府状
态，实现有组织、有计划的生
产，于是有些学者如桑巴特、舒尔采·格弗尼茨就公
开宣称，垄断组织的出现实现了资本主义生产的计划
性，克服了资本主义的内在矛盾，因而垄断资本主义

桑巴特（1863—1961），
德国经济学家、社
会学家，主要代表
作有《19 世纪的社
会主义和社会运动》
（1896）、《现代资
本主义》（1902）和《资
本主义》（1930）等

《托拉斯帝国主义》
（漫画）

1　参见《列宁全集》第 22 卷，人民出版社 1958 年版，第 194 页。

在本质上就是没有经济危机的"有组织的资本主义"，这种观点深深地影响了后来的伯恩施坦。也有一些理论家认为，虽然垄断组织的出现改变了资本主义的运行模式，但它在根本上还无法解决资本主义的内在矛盾，无法克服资本主义的内在危机。可以说，对这些现象的不同认识，恰恰是引发后来争论的现实根源。

> 卡特尔（Cartel）是指生产同类商品的企业，为了获取高额利润，在划分市场、规定商品产量、确定商品价格等一个或几个方面达成协议而形成的垄断性联合。
>
> 辛迪加（Syndicat）是同一生产部门的企业为了获取高额垄断利润，通过签订协议，共同采购原料和销售商品，进而形成的垄断性联合。
>
> 托拉斯（Trust）是垄断组织的一种高级形式，通常指生产同类商品或在生产上有密切联系的企业，为了获取高额利润，从生产到销售全面合并，进而形成的垄断联合。

阶级结构的多元化与民主化：政治领域的新变化。（1）在阶级结构上，由单一的阶级结构向多元的阶级结构转变。在自由竞争资本主义条件下，社会结构更多地体现为资产阶级与无产阶级的两极对立。而到了垄断资本主义条件下，这种阶级结构出现了分化。资本主义企业结构的巨大变化，必然要求企业在人员配置上发生重大改变，从经理、律师到广告分析专家、市场分析家等，所有这些都成为巨型公司不可或缺的组成部分。而这些在竞争资本主义年代却是少有的，他们共同组成了一个"为资本家提供社会、政治支柱的新的中间阶级"。

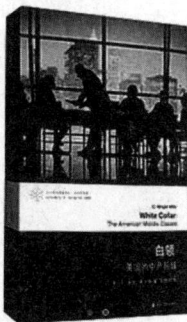

赖特·米尔斯（1916—1962）及其著作《白领：美国的中产阶级》中文版（2016）

　　（2）"工人贵族"的形成。马克思曾注意到工人阶级的资产阶级化现象，但由于当时的历史条件所限，马克思并没有把这一现象作为论述的核心。然而，随着资本主义经济的迅速发展，从19世纪末到20世纪初，这种现象变得更加普遍，这是与发达资本主义国家统治策略的转型紧密联系在一起的。英、美、法、德等帝国主义通过对殖民地的掠夺，把大量的剩余价值源源不断地运回宗主国；为了巩固自身的统治，瓦解工人革命阵线，它们不惜拿出重金来收买本国下层阶级，腐蚀工人政党领袖和工会代表，在工人阶级中培植了一个享有特权的阶层——工人贵族。可以说，这种"贿赂"手段已成为当时帝国主义统治策略中不可或缺的组成部分，对后来的社会主义运动产生了极为恶劣的影响。

（3）无产阶级政党中小资产阶级逐渐增多。随着资本主义从自由竞争到垄断的转变，大批小生产者不堪竞争压力纷纷破产，加入到无产阶级的队伍中来，这一方面壮大了无产阶级力量，另一方面也把小资产阶级的世界观和固有特点带进了无产阶级队伍当中，严重侵蚀了无产阶级及其政党的价值观和理论基础。

（4）民主化、法制化成为资本主义发展的新趋势。19 世纪末，资本主义普遍采取民主和法制的手段来调节社会生活。在绝大多数资本主义国家，工人开始享有一定的民主权利，获得参加选举的权利，无产阶级政党也从非法状态逐步取得合法地位。工人阶级通过工会和工厂法与资本家进行斗争，以期提高工人的收入和待遇，无产阶级政党可以通过合法的议会斗争方式来积蓄力量，标志性的事件就是 1890 年德国《反社会党人非常法》的废除。无产阶级政党利用民主和普选权，通过工会和议会斗争取得了相当显著的成就。

1870 年普法战争胜利后，1871 年 1 月 18 日，普鲁士国王威廉一世在法国凡尔赛宫宣布德意志帝国成立，"铁血宰相"俾斯麦（1815—1898）任帝国首任宰相

欧洲社会主义运动和世界政治格局的重心发生转移。1870 年，普法战争爆发，这是法国和普鲁士为

争夺欧洲霸权而进行的一场
战争，结果，法国战败，德
意志完成统一，并取代法国
成为当时欧洲大陆最强的国
家。1871 年，法国工人发
动起义，建立了巴黎公社。
然而，由于自身经验的不足
和反动势力的疯狂反扑，巴
黎公社最终以失败告终，"欧
洲工人运动的重心从法国移
到了德国"[1]。此外，随着
工人队伍的不断壮大，截至
80 年代末，欧美已有 16 个
国家成立了工人阶级政党。
随着全球化的日益加剧，各
国工人日益要求加强国际联
系。1889 年 7 月 14 日，即
巴黎人民攻占巴士底狱 100
周年之际，各国工人在巴黎
召开了国际社会主义代表大
会，标志着第二国际的正式
成立。另一方面，随着资本

《恩格斯指导第二
国际的成立》（画作）

第二国际成立大会
主席团

列宁（1870—1924）
画像和《帝国主义
是资本主义发展的
最高阶段》中文版
（2014 年）

---

1 《马克思恩格斯选集》第 4 卷，人民出版社 1995 年版，第 515 页。

主义从古典形态向现代形态的转变，发达资本主义国家之间的矛盾日益加剧。为了争夺地盘，资本主义国家在世界范围内展开了你死我活的战争，资本的统一联盟开始分裂，殖民地和落后国家的民族解放运动逐渐成为主流，无产阶级革命的重心逐渐从西方转移到东方。

2. 恩格斯对《法兰西阶级斗争》的反思

1955 年，恩格斯诞辰 135 周年，中国发行的纪念邮票

40 多年后，恩格斯结合当时的历史语境和时代特征，重新反思了这一著作，既肯定了它的理论贡献，也揭示了它的局限性和不足之处。

恩格斯认为，本书是用唯物史观分析法国政治事件的一部光辉著作。他指出，19 世纪四五十年代，他和马克思所做的主要工作，就是用唯物史观来揭示历史发展的客观规律以及政治事件发生的内在根源，如果说《共产党宣言》是用这个理论来说明近代历史，那么，他和马克思在《新莱茵报》上发表的文章则是用这个理论来解释当时发生的一系列的政治事件，揭示事物发展的内在联系，即"把政治事件归结为最终是经济原因的作用"[1]。

---

1 《马克思恩格斯选集》第 4 卷，人民出版社 1995 年版，第 506 页。

而《法兰西阶级斗争》就是"马克思用他的唯物主义观点从一定经济状况出发来说明一段现代历史的初次尝试"[1]。恩格斯认为，这一著作实现了当时的理论目标，即使过了40多年，这一著作"对当时的事变作出的叙述，对其内在联系的揭示能达到至今还无人达到的程度，并且光辉地经受住了后来由马克思自己进行的两度检验"[2]。

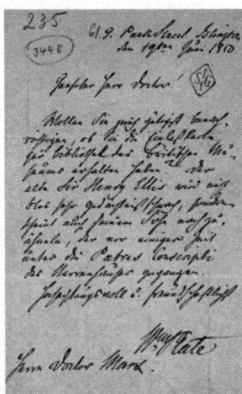

1850 年 6 月 19 日，马克思获准进入大英博物馆的信

一是马克思自己的经济学研究。从1850 年起，马克思在伦敦又开始从事经济学研究，先后写下了 24 个笔记本的《伦敦笔记》和大量的经济学手稿。他的研究结果进一步证明了他在《法兰西阶级斗争》第四部分中得出来的重要结论：在工商业繁荣时期，期待不断高涨的革命运动是不可能的。

二是马克思后来对法国这段历史的进一步研究。1851 年 12 月 2 日，路易·波拿巴发动了军事政变。随即，马克思又重新研究了从 1848 年 2 月到这次政变的法国历史，完成了《路易·波拿巴的雾月十八日》这部"天才的著

《马克思在大英博物馆》（画作）

---

1 《马克思恩格斯选集》第 4 卷，人民出版社 1995 年版，第 506 页。
2 《马克思恩格斯选集》第 4 卷，人民出版社 1995 年版，第 507 页。

作"。通过比较两部著作就会发现，《法兰西阶级斗争》对这一时期的重要历史事件的记述，几乎与后一著作完全一致。

克劳德·昂利·圣西门（1760—1825）

夏尔·傅立叶（1772—1837）

另一方面，恩格斯指出，本书第一次提出了各国工人政党经济改造要求的公式，即生产资料归社会所有。在这一著作的第二章中，马克思在谈到被称作"无产阶级各种革命要求的笨拙公式"的"劳动权"时指出，所谓"劳动权就是支配资本的权力，支配资本的权力就是占有生产资料，使生产资料受联合起来的工人阶级支配，也就是消灭雇佣劳动、资本及其相互间的关系"[1]。恩格斯评价道，在这里，马克思第一次表述了科学社会主义的经济改造原理，即生产资料公有，从而将科学社会主义同各种形形色色的封建的、资产阶级的、小资产阶级社会主义以及空

罗伯特·欧文（1771—1858）和他的"新和谐公社"

---

1 《马克思恩格斯选集》第 1 卷，人民出版社 1995 年版，第 409 页。

想社会主义的经济改造要求，完全区分了开来。

然而，由于当时历史条件所限，这一著作不可避免地带有那个时代的印记，在理论上还存在一定的局限性。恩格斯重点强调了三个方面：

首先，对当时革命形势的判断过于乐观了。恩格斯指出，二月革命爆发时，在关于革命运动的条件和进程的看法上，他和马克思都受到了过去历史经验特别是法国经验的影响，因为正是法国在1789年以来的欧洲历史中发挥了主导作用，而1848年似乎又是它发出普遍革命信号的时刻了。因此，当六月起义爆发时，马克思在前三篇文章中对无产阶级革命充满了种种期待，认为这是分裂现代社会的两大阶级之间的第一次大规模

《1851年5月英国伦敦万国工业博览会开幕式》（画作，伦敦水晶宫）

《英国万国工业博览会工程机械展厅》（画作）

《英国万国工业博览会机器展厅》（画作）

战斗，伟大的决战已经开始，并将在一个很长的和充满变化的革命时期中进行到底，而结局必然是无产阶级的最终胜利。然而，现实历史表明，此时他们对革命形势的判断过于乐观了。恩格斯自我反思道："历史表明，我们以及所有和我们有同样想法的人，都是不对的。历史清楚地表明，当时欧洲大陆经济发展的状况还远没有成熟到可以铲除资本主义生产的程度；历史用经济革命证明了这一点，从 1848 年起经济革命席卷了整个欧洲大陆，在法国、奥地利、匈牙利、波兰以及最近在俄国刚刚真正确立了大工业，而德国简直就成了一个头等工业国，——这一切都是以资本主义为基础的，可见这个基础在 1848 年还具有很大的扩展能力。"[1]"历史表明我们也曾经错了，暴露出我们当时的看法只是一个幻想。"[2] 在马克思和他为 1850 年秋季出版的《新莱茵报》最后一期合刊号所写的那篇《时评。1850 年 5—10 月》中，他们"就已经永远抛弃了这种幻想"，这也是恩格斯将这篇续评作为第四篇文章收录到单行本中的重要原因。

其次，对 1848 年斗争方式的反思。1848 年革命采用的方式是突然袭击，经过 40 多年的发展，现代资本主义已经发生了重大变化，也彻底改变了无产阶

1　《马克思恩格斯选集》第 4 卷，人民出版社 1995 年版，第 512 页。
2　《马克思恩格斯选集》第 4 卷，人民出版社 1995 年版，第 510 页。

级的斗争方式。恩格斯指出："历史走得更远：它不仅打破了我们当时的错误看法，并且还完全改变了无产阶级借以进行斗争的条件。1848年的斗争方法，今天在一切方面都已经过时了，这一点值得在这里比较仔细地加以探讨。"[1]1848年，除英国外，欧洲主要资本主义国家尚未完成工业革命，资产阶级与无产阶级之间的对立尚未完全明朗化，而是夹杂在各种次要矛盾和外在冲突之中。之后，资本主义工业革命的迅猛发展，排除了工场手工业甚至是行会手工业遗留下来的许多过渡形式，造就了真正的资产阶级和真正的大工业无产阶级，并将他们之间的矛盾推到了历史中心。原来在英国和巴黎等其他几个工业城市发生的两大阶级之间的斗争，现在已经遍及欧洲，其猛烈程度已经远远超过了1848年。在这种形势下，妄图再以1848年那种"简单的突然袭击来实现社会改造，是多么不可能的事情"[2]；"旧式的起义，在1848年以前到处都起过决定作用的筑垒巷战，现在大大过

巴黎街头的街垒

---

1 《马克思恩格斯选集》第4卷，人民出版社1995年版，第510页。

2 《马克思恩格斯选集》第4卷，人民出版社1995年版，第513页。

时了"[1]；"实行突然袭击的时代，由自觉的少数人带领着不自觉的群众实现革命的时代，已经过去。"[2]

国际无产阶级

恩格斯指出，新形势新情况必然要求新的斗争方式，因此，必须摒弃过去那种宗派式的"灵丹妙药"，坚持统一的理论即马克思主义的指导；必须摒弃按地区或民族进行斗争的策略，建立一支自觉的、国际化的无产阶级大军；必须摒弃过去那种无准备的突然袭击和消极的街垒战术，以科学理论为指导，同资产阶级展开长期斗争。也是在此基础上，恩格斯指出，1871 年，巴黎公社的失败，决不意味着战斗的无产阶级被埋葬了；恰恰相反，这意味着无产阶级的涅槃和新生：一支更加强大的、焕然一新的国际无产阶级大军，开始走上历史舞台的中心。

再次，对普选权作用的历史反思。在《法兰西阶级斗争》中，马克思始终将普选权看作是统治阶级用来欺骗人民的工具，看作是一种没有实质内容的外在借口或托辞。而到1895 年，情况则发生了重大变化。恩格斯指出，在德国，通过选举权，工人实现了自身利益的合法化，在斗争方面取得了巨大成效，"由于

1　《马克思恩格斯选集》第 4 卷，人民出版社 1995 年版，第
　　517—518 页。
2　《马克思恩格斯选集》第 4 卷，人民出版社 1995 年版，第 521 页。

这样有成效地利用普选权，无产阶级的一种崭新的斗争方式就开始发挥作用，并且迅速获得进一步的发展。人们发现，在资产阶级用来组织其统治的国家机构中，也有东西是工人阶级能利用来对这些机构本身作斗争的。工人参加各邦议会、市镇委员会以及工商业仲裁法庭的选举；只要在安排一个职位时有足够的工人票数参加表决，工人就同资产阶级争夺每一个这样的职位。结果弄得资产阶级和政府害怕工人政党的合法活动更甚于害怕它的不合法活动，害怕选举成就更甚于害怕起义成就"[1]。因此，恩格斯认为，选举权已经从欺骗工人的工具变为工人解放的手段，并告诫工人要利用一切合法手段，积蓄力量，等待时机，同资产阶级进行最后的决战。但恩格斯决不像伯恩施坦所说的那样，放弃了革命权，主张和平改良主义，因为在他看来，革命权是工人唯一的真正的历史权利。

3. 暴力革命与合法斗争并举：恩格斯对斗争策略的新说明

马克思、恩格斯在 19 世纪 40—50 年代和 70 年代之后在革命策略问题上出现了一个重要变化。1848年革命后，马克思、恩格斯对这次革命作了系统分析

1　《马克思恩格斯选集》第 4 卷，人民出版社 1995 年版，第 517 页。

和总结，先后写下许多相关的文章和著作，如《资产阶级和反革命》《法兰西阶级斗争》《德国的革命和反革命》《路易·波拿巴的雾月十八日》等，得出了一些具有重要意义的结论和观点。就斗争策略而言，主要体现在两个方面：

青年马克思和恩格斯

《19 世纪 70 年代的马克思和恩格斯》（素描，茹科夫作）

（1）马克思、恩格斯指出，1848 年的革命实践表明，资产阶级在夺取政权之后，绝不会让工人阶级共享革命果实，而会用国家机器残暴地镇压工人；同时，不论资产阶级采取何种政权组织形式，他们都不会摧毁原有的国家机器，而是使其更加完备，以镇压工人阶级的起义。在这种情况下，工人阶级哪怕是稍许改善一下自己的处境，也只能是一种幻想。基于此，马克思、恩格斯认为，工人阶级要改变目前的状况，就必须而且也只能用暴力革命的方式来推翻资产阶级统治，彻底打碎资产阶级国家机器，建立无产阶级专政。只要无产阶级和资产阶级同时存在，这种阶级斗争就不会熄灭。

（2）在选举权问题上，马克思、恩格斯认为，资本主义国家在本质上是资产阶级统治的工具，所谓议会和选举权只不过是资产阶级麻痹人民的工具，无产阶级不能陷入这种政治欺骗的谎言之中，应该保持冷静，同这种谎言作坚决斗争。

19 世纪 70 年代之后，资本主义社会发生了较大变化。马克思、恩格斯结合新的历史条件和时代特征，进一步丰富和完善了他们的前期观点。

一方面，在暴力革命问题上，马克思、恩格斯进一步深化了前期观点。在《法兰西内战》中，马克思提出了一个著名论断："工人阶级不能简单地掌握现成的国家机器，并运用它来达到自己的目的。"[1]无产阶级必须用革命手段，摧毁旧的国家机器，建立代表人民利益的、民主的、新型的国家政权，并运用它来镇压资产阶级的反抗，由人民来管理国家，推行社会改革，以达到劳动者的彻底解放。在 1872 年《共产党宣言》的德文版序言中，马克思、恩格斯积极吸收了这一结论。他们认为，巴黎公社的经验表明，无产阶级掌握革命武装，是革命取得成功并建立无产阶级专政的首要条件，无产阶级绝不能简单利用资产阶级国家机器来组织政权，相反，必须彻底打碎资产阶级国家机器，建立属于自己的无产阶级专政机器。可以说，这些观点都进一步丰富和完善了前期观点。

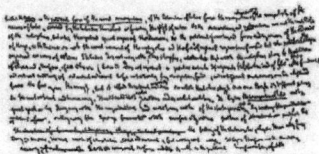

《法兰西内战》初稿中的一段手稿

1　《马克思恩格斯选集》第 3 卷，人民出版社 1995 年版，第 52 页。

另一方面，在议会斗争和选举权问题上，马克思、恩格斯的观点也发生了重要变化。如果说在前期，他们只是把议会和选举权看作是资产阶级欺骗人民的工具，那么，此时他们已经开始正面肯定合法斗争方式的积极作用了，甚至认为，有些国家可以采取和平的方式实现自己的目的。在 1872 年的《关于海牙代表大会》一文中，马克思指出：“工人总有一天必须夺取政权，以便建立一个新的劳动组织……但是，我们从来没有断言，为了达到这一目的，到处都应该采取同样的手段。我们知道，必须考虑到各国的制度、风俗和传统；我们也不否认有些国家，如美国、英国，——如果我对你们的制度有更好的了解，也许还可以加上荷兰，——工人可能用和平手段达到自己的目的。”[1]到了 1880 年的《法国工人党纲领导言》中，马克思已经明确指出，普选权已经由“向来是欺骗的工具变为解放工具”[2]，并告诫无产阶级必须利用一切手段，为无产阶级革命积蓄力量。同样，恩格斯的观点也发生了重要变化，并对议会的合法斗争作

《马克思在海牙代表大会上》（王铁牛作）

1　《马克思恩格斯全集》第 18 卷，人民出版社 1965 年版，第 179 页。
2　《马克思恩格斯全集》第 19 卷，人民出版社 1965 年版，第 264 页。

出了更为全面的论述。在 1870 年的《德国农民战争》第二版序言中，恩格斯肯定了普选权对德国工人阶级的重大意义："伴随着 1848 年以后的工业高涨，无产阶级的社会和政治活动也开展起来了。单是目前德国工人在其工会、合作社组织、政治组织和政治集会中，在选举以及所谓国会中所起的作用，就足以表明，最近 20 年来在德国已不知不觉地发生了什么样的变革。德国工人获得了很大的荣誉：唯有他们做到了把工人和工人代表派到国会中去，而无论是法国人或英国人到现在为止都没有能够做到这一点。"[1] 这使得他们获得了"直接选派自己的代表参加立法议会的权力"，通过合法方式最大限度地维护自己的利益。在 1895 年的《法兰西阶级斗争》的"导言"中，恩格斯进一步强化了这一观点，突出强调了合法斗争在争取无产阶级解放中的重要作用。

2016 年人民出版社出版的恩格斯《德国农民战争》单行本

暴力革命与合法斗争并举，但革命是根本途径。在斗争策略问题上，马克思、恩格斯的观点确实发生了重要变化，实现了从暴力革命到革命与合法斗争并举的转变，但前后有一点是共通的，即马克思、恩格斯都始终坚信，暴力革命是工人斗争的根本方式，他

---

1 《马克思恩格斯选集》第 2 卷，人民出版社 1995 年版，第 628 页。

们绝没有因为议会斗争而放弃这种根本权利。马克思指出："我们也必须承认，在大陆上的大多数国家中，暴力应当是我们革命的杠杆；为了最终建立劳动的统治，总有一天正是必须采取暴力。"[1] 同样，恩格斯也告诫道，工人决不能"放弃自己的革命权。须知革命权是唯一的真正'历史权利'，——是所有现代国家一无例外都以它为基础建立起来的唯一权利"[2]。那种打着马克思、恩格斯的旗号，一味地鼓吹改良主义的做法，是完全违背马克思、恩格斯的政治遗嘱的。

1　《马克思恩格斯全集》第 18 卷，人民出版社 1965 年版，第 179 页。
2　《马克思恩格斯选集》第 4 卷，人民出版社 1995 年版，第 522 页。

七、如何理解《法兰西阶级斗争》的当代价值？

从 1848 年至今，已经过去了 170 多个年头。与马克思、恩格斯生活的时代相比，当今世界已经发生了翻天覆地的变化。站在时代发展的制高点上，如何重新理解《法兰西阶级斗争》的理论贡献和当代价值，充分继承和发展马克思、恩格斯的政治遗产，是一个极其重要的理论和实践问题。在此，我们从当代资本主义民主的实质、国外马克思主义的发展困境以及中国社会的革命性变革三重维度入手，系统揭示《法兰西阶级斗争》和马克思思想的当代生命力。

罗纳德·威尔逊·里根（1911—2004），美国第 40 任总统（1981—1989）

玛格丽特·希尔达·撒切尔（1925—2013），英国第 49 任首相（1979—1990）

1. 权力的游戏：资产阶级民主本质的再认识

在当代资本主义社会，民主已成为资产阶级核心价值观的重要组成部分，而普选权也已成为人们习以为常的事情，反倒是革命越来越成为稀有的事件。很多学者一次又一次地宣告，马克思主义已经过时了。那么，就资产阶级民主而言，马克思的判断过时了吗？资产阶级民主溢出马克思当年的诊断了吗？在此，我们就围绕这一问题展开分析，重新领会马克思思想的当代生命力。

20 世纪 70 年代末 80 年代初，随着里根和撒切尔夫人的上台，新自由主义开始登上政治舞台，成为当代资本主义的国家哲学和官方意识形态。

新自由主义不只是一种意识形态，更是一套政治、经济、文化的实践机制，它的根本目的在于恢复经济精英和政治精英的阶级权力。为了达到这一目标，新自由主义在"个人自由至上"的口号下，完成了对国家干预和福利国家的反叛，提出了"三化三反对"的核心理念：倡导市场自由化、反对国家干预，倡导私有化、反对公有制，倡导个人化、反对福利国家和社会主义，并在政治、经济、文化等方面建构了一套以个人主义和市场自由为基础的新自由主义实践体系。然而，好景不长，2008 年金融危机的爆发，从根本上宣告了新自由主义的破产。而经济的恶化，导致国民财富缩水，贫富差距日益加大，又进一步激

弗里德里希·奥古斯特·冯·哈耶克（1899—1992），奥地利裔英国经济学家，新自由主义的标志性人物，1974 年获诺贝尔经济学奖

约翰·梅纳德·凯恩斯（1883—1946）（漫画），英国经济学家，现当代最具影响力的经济学家之一

化了资本主义国家的社会矛盾，出现了大规模的抗议运动和罢工潮。为了转嫁危机，资本主义国家打着"自由""民主"的旗号，到处进行"人道主义轰炸"，引发了难民潮、恐怖主义等严重的社会问题；而近期欧美国家大选或公投中所发生的一系列"黑天鹅"事件，也充分暴露了西方民主制度的内在弊端。

首先，金融危机和经济危机的爆发，表明资本主义民主无法纠正市场失灵问题，遭遇了自身的功能性和治理危机。第一，正如哈维指出的，新自由主义所催生的剥夺形式，不再是马克思意义上的以血腥暴力为后盾的原始掠夺，而

大卫·哈维和《新自由主义简史》中文版

是以私有化、金融化、危机的操控、国家再分配为核心的"剥夺性积累"，进而导致财富源源不断地从外围流向中心、从底层流向上层，建构起一个庞大的金融帝国主义，导致贫富差距日益加大，阶级矛盾日益尖锐。[1]截至 2007 年，美国社会最上层的 0.1% 的家庭所拥有的收入是社会底层 90% 家庭平均收

斯蒂格利茨（1943— ），美国经济学家，2001 年获诺贝尔经济学奖

---

[1] 参见 [美] 大卫·哈维《新自由主义简史》，王钦译，上海译文出版社 2010 年版，第 184—188 页。

人的 220 倍，而最富有的 1% 的人群拥有的财富超过国家财富的 1/3。斯蒂格利茨指出："'我们是那99% 的群体'这一口号或许标志着一个重要的转折点……他们意识到实际上他们并不是一起向上迁移的。绝大多数是一起受苦，而最上层的 1% 群体却过着一种

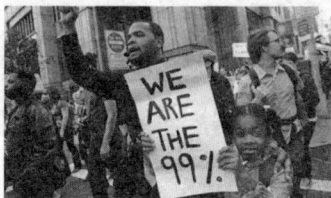
"我们是 99%"

完全不同的生活。那 99% 群体的运动标志着打造一个新联盟的企图———一种新的民族认同感……那些属于 1% 群体的人们攫取了社会财富，留给那些属于99% 群体的人们的只有焦虑和不安。换言之，绝大多数美国人根本就没有从国家的经济增长中获益。"[1]

　　第二，进一步加剧了金融市场的盲目性和风险性。马克思指出，金融资本始终是寄生性的，它不会创造任何额外的剩余价值，它的利润实际上只是对实体经济利润的一种再分配。然而，在新自由主义的推动下，金融资本与实体经济的关系完全出现了变异，它不再为后者服务，而是为自己牟利，它通过次级贷款的证券化，进行高杠杆融资，层层打包，层层转嫁风险，用别人的钱来套取更多的钱，从而形成了一套独立的、完整的金融产业链。通过这种方式，整个社会创造的

1　[美] 斯蒂格利茨：《不平等的代价》，张子源译，机械工业出版社 2014 年版，第 XI—XII 页。

财富，也就源源不断地流向了金字塔的顶端即金融寡
头手中，使实体经济遭遇融资和发展困境，进而形成
虚拟经济与实体经济的二元对立
格局。第三，进一步推动了资产
泡沫的膨胀。脱离了实体经济的
支撑，金融机构的利润只能来源
于杠杆化操作，为了保证每次金
融扩张的顺利进行，它必须制造

《资产泡沫和金融
危机》（漫画）

出更大的资产泡沫，而且一次要比一次疯狂，否则，
整个扩张就无法持续下去。从这个角度而言，制造资
产泡沫是金融体系不断扩张的前提条件。面对日益加
剧的不平等和泡沫经济，政府和国家应当采取适当措
施，纠正市场机制的失灵。然而，令人遗憾的是，新
自由主义的政治体制不仅没有纠正这些弊端，反而进
一步强化了这些缺陷，使社会矛盾进一步加剧，"在
一个存在着高度不平等的民主制度里，政治也会失衡；
而让不平衡的政治管理不平衡的经济就会出现毁灭性
的结局"[1]。而金融危机和经济危机的爆发，再次印
证了资本主义自由民主在经济治理方面的先天不足。

　　其次，精英政治、寡头政治和金钱政治的盛行，
使民主遭遇自身的合法性危机。代议制民主一开始就

1　[美]斯蒂格利茨：《不平等的代价》，张子源译，机械工业
　　出版社2014年版，第81页。

是建立在程序与价值的分离之上的。当代西方学者，如熊彼特、达尔、罗尔斯、哈贝马斯等，都是从程序的角度来界定民主的内涵的，将其理解为一种程序民主。在这里，民众只能按照既定程序投出自己的一票，委托他们选举出来的代表来行使权力或治理国家。然而，由于财产、教育或知识背景的不同，民众选出来的代表往往是少数精英，后者既不代表国家，也不代表人民，而是代表特定阶级或特定集团的利益。民众与精英之间的利益脱节，使民主成为一纸空文，它不再将民众利益或社会公共福祉作为首要目标，而是沦为特权利益的保护伞和寡头政治的合法伪装。结果，程序的正义导致了结果的非正义，形式上的民主导致了实质上的反民主。另一方面，资本与民主的联姻，使西方民主沦为一种金钱政治，导致了严重

《美国"驴象之争"》
（漫画）

《金融寡头专政》
（漫画）

《被金钱绑架的"话筒"》（漫画）

的民主异化。政党政治是西方民主制度运行的主要载体，为了赢得大选，各个政党及其代言人无所不用其极，将西方民主的弊端展现得一览无遗，这点在美国大选中得到了集中体现。更为重要的是，大选本身需要雄厚的资金支持，这就为民主的资本化打开了缺口。1976 年，美国最高法院迈出了关键一步，规定企业有权无限度地向政党提供资金支持；[1] 到了 2010 年，最高法院"从本质上批准了肆无忌惮的大公司对竞选活动的捐助，这一判决象征了剥夺普通美国人权利的一个里程碑"[2]。这一法案必然导致两个不可避免的恶果：一是资本权力寻租的合法化。资本可以光明正大地将自己的触角延伸到政治领域，使民主成为资本的投资对象，以获得更好的权力保护或利益回报。二是民主政治的资本化。在这里，民主已经被资本绑架，不仅使政治权力全面服务于资本利益，更滋生了一种明目张胆的政治腐败。所有这些都从根本上侵蚀了自由民主的合法基础，使其遭遇不可克服的正当性危机。

　　再次，美国梦的破产预示着西方民主价值观遭遇深层危机。美国一直将自己标榜为自由、民主、平等的国度，它告诉人们，只要努力奋斗，就能够实现自

1　参见 [美] 大卫·哈维《新自由主义简史》，王钦译，上海译文出版社 2010 年版，第 57 页。

2　[美] 斯蒂格利茨：《不平等的代价》，张子源译，机械工业出版社 2014 年版，第 118 页。

己的致富梦。然而，当代美国现实表明，这一梦想已沦为一种不可能的神话：传统的工作伦理被一种毫无节制的享乐主义所代替，而原有的理性秩序则被一种不受约束的自我中心主义和不择手段的功利主义所代替；所谓自由、民主、平等、公正已被无情的现实所击碎，越来越成为一种骗人的鬼话；贫富差距日益加剧，阶层固化日益明显，代际不平等日趋强化，成为摆在下层民众面前的一道道不可克服的屏障。[1] 所有这些都清楚地表明，

《支离破碎的"美国梦"》（漫画）

丹尼尔·贝尔(1919—2011)和《资本主义文化矛盾》中文版

"'美国梦'越来越蜕变成由轶事和故事所强化而不是由数据所支持的一个梦想、一个神话"[2]。用丹尼尔·贝尔的话来说，就是"美国资本主义已经失去了它传统的合法性"[3]。这不只是一种价值观危机，更是一种文化和信仰危机。

1　参见 [法] 托马斯·皮凯蒂《21世纪资本论》，巴曙松等译，中信出版社2014年版，第388页。

2　[美] 斯蒂格利茨：《不平等的代价》，张子源译，机械工业出版社2014年版，第X—XI页。

3　[美] 丹尼尔·贝尔：《资本主义文化矛盾》，严蓓雯译，人民出版社2010年版，第88页。

　　复次，欧美国家的霸权主义行径，再次揭露了西方民主的狭隘性和虚假性。新世纪以来，欧美国家打着"自由""民主"的旗号，肆意践踏他国主权，干涉他国内政，到处进行人道主义轰炸和意识形态演变，从阿富汗、伊拉克到"阿拉伯之春"[1]，再到利比亚、叙利亚等，这种民主的霸权输出导致的是无休止的社会动乱和暴力冲突，引发了大规模的难民潮和人道主义危机，进而为极端恐怖主义的迅速扩张提供了可乘之机。这些血腥的事实表明，美式民主决不是放之四海而皆准的灵丹妙药，更不是维护世界和平的重要保障，它们打着"自由、民主、人权"的旗号所进行的霸权主义行径，构成了当今国际社会持续动乱的主要根源。乔姆斯基指出，美国以极不民主的方式在全球范围内推行美式民主，大搞意识形态

《美国"民主"》(漫画)

叙利亚战争中遇难的孩童

诺姆·乔姆斯基及其《流氓国家》一书

────────────

1　参见《美国是"阿拉伯之春"的背后推手》，载《光明日报》2013 年 1 月 10 日第 8 版。

和价值观输出，这恰恰是对美国民主的最大戕害。美国才是打着"民主"旗号而行"遏制民主"之实的真正"流氓国家"和"恐怖国家"。[1] 而今天欧洲的"难民潮"和频发的恐怖主义袭击事件，也给欧洲的社会秩序带来了不可估量的影响。但作为美国政策的追随者，欧洲国家只能捏着鼻子，吞下自己酿造的苦果，这是多么具有讽刺意味啊！

唐纳德·特朗普（1945—　），美国共和党籍政治家、企业家、商人，2016年 11 月 9 日当选美国第 45 任总统，2017 年 1 月 20 日在美国首都华盛顿宣誓就职

最后，当前欧美国家发生的一系列政治事件，反映西方民主遇到了严重的制度性危机。美国大选反映了精英阶层已经严重脱离下层民众，社会内部出现了严重分裂；随着特朗普的上台，美国各地爆发了大规模的游行示威运动，反映了美国民众对选举结果和当前民主政治的不满。英国"脱欧"意味着反一体化、反全球化已成为一股不可忽视的力量，贸易保护主义重新抬头。法国大选虽然以马克龙的胜利而告终，但以勒庞为代表的右翼势力却获得了广泛支持；欧洲其他国家右翼力量的迅速崛起，也反映了民众对当前政治体制和传统政党政治的失望。与此同时，民族主义、民粹主义、种族主义和排外主义日益蔓延，严重

1　参见 [美] 乔姆斯基《遏制民主》，汤大华译，商务印书馆 2013 年版，第 3—7 页。

危及西方民主的合法性基础。这一系列的事件反映西
方民主遇到了严峻挑战，出现了整体性的制度萎缩。
从目前的形势来看，这些事件只是
当前欧美政治经济格局调整的冰山
一角，随着资本主义结构性危机的
不断深化，这些事件的影响将会持
续发酵，必将对未来西方民主制度
以及全球政治经济格局产生不可估
量的影响。

《抉择》（漫画，
徐骏作）

　　以此来看，第一，资产阶级民主始终无
法解决形式民主与民主治理的悖论问题。洛
克认为，民众的主要职责是选举有限代理人，
并将自己的意志转让给代理人，由后者负责
国家治理；与之相反，在卢梭看来，人民主
权是一种普遍意志，它既不可以转让，也不
能分割，而所谓代理人只不过是这种意志的执
行者，但它本身并不能代替人民作决定。在当
前西方国家的民主实践中，洛克式的主张显然
被普遍接受下来，并成为西方代议制民主运行
的主导原则，这不可避免地导致了民主形式与
民主治理的悖论问题。代议制民主本身就是实
质民主向形式民主退却的结果，它只解决了代
表的选举及其程序问题，但却始终没有解决那些被选
举出来的代表如何代表民众治理国家的问题，最终必

约翰·洛克（1632—
1704）

让－雅克·卢梭
（1712—1778）

然导致寡头政治。换言之，代议制民主的悖论在于，以民主的方式选举出来的民主政府，在本质上只不过是一种反民主的精英政治和寡头政治。所谓"民有、民治、民享"，完全是一种不切实际的美好幻想。

第二，代议制民主始终无法解决私人利益与公共利益的冲突问题。在代议制民主中，居于主导地位的始终是自由主义传统。它一开始就接受了"理性人"的假设，认为每个人都可以理性地作出选择，投出自己庄重的一票。然而，事实表明这只是一种错觉。它一开始就预设了个人自由、个人权利和个人利益的优先性，催生了一种狭隘的个人主义和自我中心主义，忽视了社会责任和公共德性的塑造，致使个人无法看到社会的整体利益和长远目标，淹没了公共利益的存在。此外，这种民主一开始就是以实质不平等为基础的，这在某种程度上必然使民主沦为精英利益的保护伞，无法为公共利益的生成提供有效的制度保障。

第三，代议制民主始终无法解决平等的悖论问题。不论在私人领域还是政治领域，所谓平等都是形式上

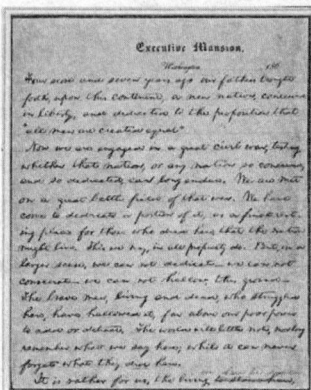

1863年11月19日林肯葛底斯堡演说原稿。在这次演讲中，林肯首次提出了"民有、民治、民享"

1948年11月19日，美国发行的林肯葛底斯堡演说85周年纪念邮票

的，背后掩盖的是一种实质上的不平等。而在一个不平等的社会中，企图通过形式民主来保障个人自由，进而达到公平、正义和平等的想法，无异于缘木求鱼、南辕北辙。西方代议制民主本身就是建立在私有制的基础之上的，这一点决定了代议制民主只能在某种程度上缓解上述矛盾，但却无法从根本上解决这些矛盾。资产阶级民主发展史已充分证明了这一点，这也表明，马克思对资产阶级民主的诊断依然具有不可估量的当代价值。

2. 斗争精神和革命精神：不应忘却的政治遗产

第二国际在理论和实践上的蜕变与破产。恩格斯逝世后，伯恩施坦打着马克思、恩格斯的旗号，公开放弃暴力革命，大力宣扬和平长入社会主义的修正主义路线，第二国际内部出现严重的理论和路线分歧，形成"正统派"与"修正派"之争。虽然正统马克思主义对伯恩施坦进行了批判和斗争，但不论在理论还是实践上，都是不彻底的：由于实证

1907 年 8 月，第二国际第七次代表大会在斯图加特举行

主义、折中主义和进化主义的影响，第二国际对马克思主义的理解出现了严重分化，陷入机械决定论或伦理社会主义的窠臼之中，割裂了科学与价值、理论与实践之间的辩证关系，背离了马克思主义的精髓和科学社会主义的根本原则。1905—1910 年，第二国际在实践策略上又进一步分化为"左"（以卢森堡和李卜克内西等为代表）、"中"（以考茨基为代表）、"右"（以伯恩施坦为代表）三派，而修正主义日益占据上风。1914 年，第一次世界大战爆发，在"右"派的影响之下，第二国际大多数政党纷纷表态支持本国政府，保卫自己的祖国，导致各交战国的无产阶级在战场上相互厮杀，完全背离了无产阶级的国际主义原则，第二国际宣告破产。

1907 年 8 月，作为参会代表的卢森堡（1871—1919）。她是国际共产主义运动史上杰出的女性革命家、马克思主义理论家，被列宁誉为"革命之鹰"

作为一种理论思潮，西方马克思主义本身就是西欧无产阶级革命失败的产物。自登上历史舞台伊始，西方马克思主义就出现了三重退却：首先，从革命实践到理论批判的退却。安德森指出，"西方马克思主义是第一次世界大战后欧洲资本主义先进地区无产阶级革命

佩里·安德森（1938—　）和《西方马克思主义探讨》英文版

失败的产物，它是在社会主义理论和工人阶级实践之间愈益分离的情况下发展起来的"[1]。因此，虽然他们在政治立场上都批判资本主义，但在根基上并没有真正诉诸无产阶级革命，而是单纯停留在理论批判上，这本身就是革命立场的一次退却。其次，从政治经济学批判向哲学或文化批判的退却。如果说马克思是从哲学批判逐渐走向了政治经济学批判，那么，除了柯尔施、阿尔都塞等少数几位学者力图揭示前期哲学批判与后期政治经济学批判之间的内在关系外，众多西方马克思主义者则走上了相反的道路，不断从政治经济学批判退回到哲学批判，建构了不同风格的文化批判理论。再次，从客观矛盾到主体伦理学的退却。在马克思看来，阶级斗争是奠基在社会客观矛盾即生产力和生产关系的内在矛盾之上的，脱离了后者，阶级斗争只是一种缺乏现实依据的、人为制造的革命伦理学。因此，马克思时刻注重从历史客观矛盾的基础引出阶级斗争的可能性和现实性，这是马克思历史辩证法的核心要义所在。然而，在后来的发展中，众多西方马克思主义者恰恰放弃了生产力与生产关系客观矛盾的批判线

卢卡奇(1885—1971)，匈牙利著名哲学家和文学批评家，西方马克思主义主要奠基人之一，主要代表作有《小说理论》（1916）、《历史与阶级意识》（1923）、《社会存在本体论》（1971）等。

柯尔施(1886—1961)，德国著名的马克思主义理论家，早期西方马克思主义代表人物，主要著作有《马克思主义和哲学》（1923）、《卡尔·马克思》（1938）等。

1　[英]佩里·安德森：《西方马克思主义的探讨》，高铦、文贯中、魏章玲译，人民出版社1981年版，第58页。

葛兰西(1891—1937),意大利共产党创始人之一,早期西方马克思主义代表人物,著有《狱中札记》

索,转向了以物化、异化、意识形态或文化霸权为核心的人本主义批判路径,在一定程度上忽视了阶级斗争的现实基础。

阶级逻辑的退却和革命精神的遗忘:当代西方新左派的理论和实践困境。随着1968年"五月风暴"的爆发,西方马克思主义的文化批判范式遭遇危机。20世纪七八十年代后,欧洲众多工人阶级政党公开宣布放弃马克思主义,而作为一个基本派别的"西方马克思主义"逐渐解体,形成更加多元、更加多样的研究格局,表面上呈繁荣发展之势,实质上却日益碎片化,愈来愈脱离民众,实践效果日益式微。特别是随着当代资本主义的新自由主义转向,这些倾向日益加剧。哈维指出:"新自由主义修辞以其对个性自由的基本强调,有力地将自由至上主义、身份政治、多元主义、自恋的消费主义

从想靠夺取国家权力来追求社会正义的社会力量分离出来。"[1]为了达到这一目标,英美发达资本主义建构了一套以自由化、

1968年法国"五月风暴"

1 [美]戴维·哈维:《新自由主义简史》,王钦译,上海译文出版社2010年版,第49页。

私有化和市场化为基础的经济、政治、文化实践体系，包括消费社会、多元文化主义、身份政治、后现代主义以及自由主义民主和正义理论。就此而言，哈维说新自由主义不只是一种意识形态，更是一种政治经济文化实践机制，是非常正确的。在新自由主义个人至上的信条下，早期西方马克思主义所强调的阶级逻辑逐步被瓦解，取而代之的是以个人自治、种族、性别、环境、生态等为轴心的斗争策略，形成了几种典型的批判运动和理论思潮，如意大利自治主义、女权主义马克思主义、生态学马克思主义、晚期马克思主义、新左派运动等。必须承认，与早期西方马克思主义相比，它们不再停留在单纯的观念批判上，而是力图将理论批判与实践运动结合起来，积极探索全球化时代妇女、少数群体和大众的解放道路，具有重要的理论和实践价值。

1968 年 5 月，法国索邦大学校园内的毛主席海报

　　但问题也随之而来，面对资本全球化的今天，谁才是斗争的主体？阶级逻辑还适用吗？虽然早期西方马克思主义往往诉诸人道主义的文化批判，但在总体上毕竟保留了阶级逻辑。然而，在新自由主义的侵蚀下，这种阶级逻辑也被彻底解构和瓦解了，形成了以

种族、生态、女权、个人自治等为轴心的多元化的斗争道路。用艾伦·伍德的话来说，这本身就是阶级逻辑退却的结果。[1]这些运动在一定程度上取得了重要进展，迫使统治阶级作出了某种妥协，但它们在本质上并不会对资本主义制度产生根本威胁，而只是在后者所允许的范围内进行的一种权利抗争。与其说这是一种理论上的重要推进，倒不如说是他们从阶级立场退却的思想反映；与其说这是一种激进的实践运动，倒不如说是他们在新自由主义的侵蚀下所进行的一种策略转型。这一点决定了当代西方左派运动所能产生的历史效应：意大利自治主义运动的失败、新左派运动的式微、多元文化主义的破产、种族主义的抬头、生态和女权主义运动的低落，等等，再次宣告了资本依然是当今世界不可撼动的绝对霸权。对抗资本、反抗资本，任重而道远！如果左派不积极地转变思路，改变斗争策略，继续坚持无政府主义和自发抗争的道路，只会被资本的洪流所淹没，沦为历史的一块遮羞布。

政党政治和革命精神的回归：走出困境的必由之

艾伦·伍德（1942—2016）和《阶级的退却》

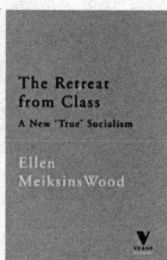

1　See Ellen Meiksins Wood, *The Retreat from Class*, Verso, 2001.

路。面对当代西方左派的理论和实践困境，我们不由得想到了马克思、恩格斯的告诫，革命权是唯一的真正的历史权利。在全球化日益发展的今天，若没有无产阶级政党的领导，没有科学理论的指导，没有统一的阶级联盟，单纯依靠所谓的突然袭击、少数群体的社会运动或民主斗争，妄图颠覆资产阶级政权，已被实践证明是一种不可能的幻想。当代西方左派不仅需要《资本论》，需要《共产党宣言》和《法兰西阶级斗争》，更需要

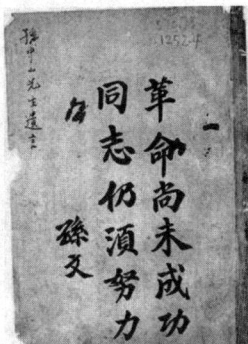

孙中山先生临终遗言

重新激活伟大的革命精神，沿着马克思的革命道路，砥砺前进。"革命尚未成功，同志仍须努力"！

3. 伟大的革命精神开创了中国新纪元

政治革命与社会革命：两种不同的革命范式。先进阶级以暴力革命的方式推翻反动阶级或落后阶级的统治，实现社会形态和社会制度的根本变革，这种革命往往体现为政治革命。综

《第一次世界大战是"狗咬狗"的战争》（漫画）

观人类社会发展史，可以发现，每一种社会形态的更替，往往都是通过激进的政治革命实现的。近代以来，最为彻底的政治革命当属法国大革命、俄国革命和中国革命。宽泛意义上的社会革命，不仅包括政治革命即社会形态和社会制度的根本变革，而且也包括新的历史条件下改造社会进程的革命。

《苏维埃政权成立》
（画作）

《伟大的无产阶级
革命领袖》（苏联
宣传画）

革命的旗帜在古老的东方猎猎飘扬。19 世纪末 20 世纪初，资本主义进入垄断资本主义和帝国主义时代，资本在全球的利益争夺变得白热化，引发了第一次世界大战。列宁在充分分析国际局势和时代特征的基础上，将科学社会主义原理与俄国具体国情结合起来，提出了"一国胜利论"，最终在资本主义最薄弱的环节——俄国——打开了缺口，取得了社会主义革命的胜利，建立了世界上第一个社会主义国家，实现了社会主义从理论到现实的飞跃，打破了资本主义一统天下的世界格局，深刻改变了世界历史的进程。十月革命的胜利，进一步鼓舞了殖民地半殖民地国家的民族解放运动，世界无产阶级革命的重心也由此从西方转移到东方。第二次世界大战结束后，一大批获得独立和解放的民族国家建立了起来，彻底瓦解了帝国主义的殖民体系。然而，在后来的发展中，苏东社会主义国家并没有真正继承马克思主义的活的灵魂，将马克思主义基本原理与本国国情结合起来，创造性地继承和发展马克思主义，而是走了一条从教条主义到修正主义再到取消马克思主义的错误道路，最终导致苏东剧变、改旗易帜。

1991 年 12 月 25 日，苏联国旗从克林姆林宫顶上缓缓降下

　　马克思的思想不仅改变了世界，而且也彻底改变了中国。中国曾经是世界上最强大的国家，为人类文明发展做出了重大贡献。1840 年鸦片战争以来，长期领先世界的东方大国渐渐沦为西方列强欺凌的对象，中国也沦为半殖民地半封建社会。19 世纪 50 年代，针对中国社会的发展趋势，马克思曾预言道，"过不了多少年，我们就会亲眼看到世界上最古老帝国的垂死挣扎，看到整个亚洲新纪元的曙光"[1]，并科学预见了"中国社会主义"的出现，甚至还为他们心中的新中国取了一个靓丽的名字——"中华共和国"[2]。

1　《马克思恩格斯选集》第 1 卷，人民出版社 1995 年版，第 712 页。
2　《马克思恩格斯全集》第 7 卷，人民出版社 1959 年版，第 265 页。

在中华民族积贫积弱、任人宰割的时期，各种主义和思潮都进行过尝试，资本主义道路没走通，改良主义、自由主义、无政府主义、民粹主义等也都"你方唱罢我登场"，但都没能解决中国的前途和命运问题。十月革命一声炮响，给中国送来了马克思列宁主义。中国选择走马克思的革命道路，选择马克思列宁主义是历史的、人民的、实践的必然选择。在马克思列宁主义与中国工人运动相结合的过程中，中国共产党诞生了，这是一件开天辟地的大事件。中国共产党一经成立，就把实现共产主义作为党的最高理想和最终目标，义无反顾地肩负起实现中华民族伟大复兴的历史使命，团结带领中国人民进行了艰苦卓绝的斗争，谱写了气吞山河的壮丽史诗，创造了一个又一个彪炳史册的人间奇迹。

中共一大会址

浙江嘉兴南湖红船

中国新民主主义革命：一场伟大的彻底的政治革命。以毛泽东为代表的中国共产党人带领中国人民，坚持马克思列宁主义，走工农联盟和农村包围城市的武装革命道路，最终推翻了压在人民头上的"三座大山"，取得了新民主主义革命的胜利，建立了人民民主专政的中华人民共和国。新民主主义革命的胜利，彻底结束了旧中国半殖民地半封建社会的历史，彻底结束了旧中国一盘散沙的局面，彻底废除了列强强加给中国的不平等条约和帝国主义在中国的一切特权，实现了中国从几千年封建专制政治向人民民主的伟大飞跃，久经磨难的中华民族从此站起来了。中国革命的胜利以铁一般的事实证明，马克思的革命理论是完全正确的，"没有革命的理论，就不会有革命的行动"，如果没有马克思主义的科学指导，就不会有中国革命的成功；中国革命的胜利以铁一般的事实证明，只有走工农联盟的武装革命道路，才能开创中国的新纪元；中国革命的胜利以铁一般的事实证明，只有马克思主义和社会主义才能救中国。

社会主义改造和改革开放：伟大的社会革命。新中国成立后，我们党从自身国情出发，开创了一条和平的社会主义改造之路，团结带领中国人民完成了社会主义革命，消灭了一切剥削制度，顺利完成了从新民主主义到社会主义的过渡，

1956 年 1 月 15 日，北京各界在天安门广场举行庆祝社会主义改造胜利联欢大会

确立了社会主义基本制度，完成了中华民族有史以来最为广泛而深刻的社会变革，为当代中国的一切发展进步奠定了根本的政治前提和制度基础。党的十一届

三中全会以来，中国共产党团结带领中国人民进行改革开放这一新的伟大革命。经过几十年的不懈努力，

我国在政治、经济、文化、社会等各个方面都取得了举世瞩目的成就，开辟了中国特色社会主义现代化建设的新局面，实现了中华民族从站起来到富起来的伟大飞跃。这一伟大飞

1978 年 12 月 18 日，党的十一届三中全会召开，与会代表对会议公报进行举手表决

跃以铁一般的事实证明，只有中国特色社会主义才能发展中国！

　　新时代中国特色社会主义是我们党领导人民进行伟大社会革命的成果，也是我们党领导人民进行伟大社会革命的继续。党的十八大以来，中国共产党团结带领人民进行伟大斗争、建设伟大工程、推进伟大事业、实现伟大梦想，推动党和国家事业取得全方位、开创性历史成就，发生深层次、根本性历史变革。中国特色社会主义进入新时代，中华民族迎来了从富起来到强起来的伟大飞跃。这一伟大飞跃以铁一般的事实证明，只有坚持和发展中国特色社会主义，才能实现中华民族伟大复兴！毫无疑问，新时代中国特色社会主义，是我们党领导中国人民进行伟大社会革命的结果，没有社会主义改造和改革开放取得的伟大成就，没有前两者奠定的社会基础，就不可能有新时代中国

特色社会主义。另一方面，新时代中国特色社会主义
又是我们党领导人民进行伟大社会革命的继续，赋予
了伟大社会革命以崭新
的内涵：这是以新思想
为指导、立足新的历史
方位的伟大社会革命，
是进行伟大斗争、建设
伟大工程、推进伟大事
业、实现伟大梦想的伟
大社会革命，是解决新

中国共产党第十九次全国代表大会在北京隆重开幕

的社会矛盾、把我国建成富强民主文明和谐美丽的社
会主义现代化强国的伟大社会革命，是实现中华民族
伟大复兴的伟大社会革命。

　　中国共产党是马克思革命精神的忠实传人。习近
平总书记指出，马克思主义是我们立党立国的根本指
导思想，背离或放弃马克思主义，我们党就会失去灵
魂、迷失方向。90多年来，中国共产党之所以能够
完成近代以来各种政治力量不可能完成的艰巨任务，
就在于始终把马克思主义这一科学理论作为自己的行
动指南，并坚持在实践中不断丰富和发展马克思主义。
中国社会的革命性变革以铁一般的事实证明，如果没
有马克思主义的指引，就不可能有中国革命、建设、
改革的成功，就不可能有中华民族迎来伟大复兴光明
前景的新时代；中国社会的革命性变革以铁一般的事

实证明，只有坚持中国共产党的领导，在实践中丰富和发展马克思主义，才能不断开创科学社会主义事业新篇章；中国社会的革命性变革以铁一般的事实证明，中国共产党是马克思革命精神的忠实继承者，没有伟大的革命精神，就没有中国的今天和明天。

新时代必须充分继承和弘扬伟大的革命精神。在革命、建设、改革各个历史时期，我们党团结带领人民砥砺奋进、攻坚克难，铸就了伟大的革命精神。伟大事业需要伟大精神，伟大精神推动伟大事业。党领导人民推进新时代中国特色社会主义，就必须发扬自我革命精神，充分继承和弘扬伟大的革命精神，为奋力夺取新时代中国特色社会主义伟大胜利提供根本保障，不断谱写社会主义现代化新征程的壮丽篇章。

卡·马克思《1848 年至 1850 年的法兰西阶级斗争》一书导言*

恩格斯

* 选自《马克思恩格斯选集》第 4 卷，人民出版社 2012 年版，第 378—399 页。

　　目前再版的这部著作，是马克思用他的唯物主义观点从一定经济状况出发来说明一段现代历史的初次尝试。在《共产主义宣言》[1] 中，用这个理论大略地说明了全部近代史；在马克思和我在《新莱茵报》上发表的文章中，这个理论一直被用来解释当时发生的政治事件。可是，这里的问题是要把一个对全欧洲都很关键而又很典型的多年发展过程中的内在因果联系揭示出来，照作者看来，就是把政治事件归结为最终是经济原因的作用。

　　在判断当前发生的各个事件和一系列事件时，人们总是不能追溯到**最终的**经济原因。甚至在今天已经有相应的专业报刊提供这样丰富的材料的时候，即使在英国都还没有可能逐日考察工业和世界市场贸易的进程以及生产方法中发生的变化，从而对这些十分复杂和不断变化的因素随时作出全面的总结，更何况其中那些最重要的因素，在还没有突然有力地显露出来以前，大部分都是长时期处于隐蔽作用状态。某一个时期的经济史的清晰的概观，决不能在当时就得到，而只有在事后，即在搜集和整理了材料之后才能得到。在这里，统计是必要的辅助手段，而统计总是落在事件之后。因此，在研究当前的事件时，往往不得不把这个最重要的因素看做是固定的，把所研究的时期开始时存在的经济状况看做是在整个时期内不变的，或者只考虑这个状况中那些从现有的明显事件本身产生出来因而同样是十分明显的变化。所以，唯

1　即《共产党宣言》。——编者注

物主义的方法在这里就往往只限于把政治冲突归结为由经济发展所造成的现有各社会阶级以及各阶级集团的利益的斗争，而把各个政党看做是这些阶级以及阶级集团的大体相应的政治表现。

不言而喻，这种对经济状况（这是所要研究的一切过程的真正基础）中同时发生的种种变化的不可避免的忽略，必然是产生错误的根源。但是，概括叙述眼前的事件所面对的一切条件都不可避免地包含产生错误的根源，然而这并不妨碍任何人去写眼前的事件。

当马克思着手撰写本书时，要避免上面所说的那种产生错误的根源就更难了。在 1848—1849 年革命时期，要跟踪考察同时发生的那些经济变化，或者即使只是掌握它们的概况，也简直是不可能的。在流亡伦敦的最初几个月，即 1849—1850 年的秋冬，情况也是一样。然而马克思正是在这个时候开始撰写本书的。虽然有这些不利的情况，但是，由于马克思准确了解法国在二月革命以前的经济状况以及这个国家在二月革命以后的政治事件，所以他能对当时的事变作出这样的叙述，这一叙述对事变内在联系的揭示达到了至今还无人达到的程度，并且光辉地经受住了后来由马克思自己进行的两度检验。

第一次检验是这样来的：从 1850 年春天起，马克思又有空从事经济研究，并且首先着手研究最近 10 年的经济史。结果，他从事实中完全弄清楚了他以前半先验地根据不完备的材料所推出的结论，即：1847 年的世界贸易危机孕育了二月

革命和三月革命；从 1848 年年中开始逐渐复兴而在 1849 年
和 1850 年达到全盛状态的工业繁荣，是重新强大起来的欧洲
反动势力的振奋力量。这是有决定意义的。如果说在前三篇
文章中（载于 1850 年汉堡出版的《新莱茵报。政治经济评论》
1 月号、2 月号和 3 月号）还在期待不久革命力量新高涨就会
到来，那么由马克思和我为 1850 年秋季出版的最后一期合刊
号（5—10 月）所写的那篇《时评》，就已经永远抛弃了这种
幻想，那里指出："新的革命，只有在新的危机之后才可能发生。
但新的革命正如新的危机一样肯定会来临。"[1] 然而这是我们
所必须作的唯一重大修改。前几篇文章中对于事变所作的解
释，那里所确定的种种因果关系，都绝对没有什么需要改动的
地方，上面提到的那篇时评中对 1850 年 3 月 10 日至秋季的续
评就表明了这一点。因此，我就把这个续篇作为第四篇文章编
入了本版。

　　第二次检验更为严格。在路易·波拿巴 1851 年 12 月 2
日政变之后，马克思立刻重新探讨了从 1848 年 2 月起直到这
次暂时结束了革命时期的事变为止的法国历史（《路易·波
拿巴的雾月十八日》第三版，1885 年汉堡迈斯纳出版社出版）。
在这本小册子里，又一次谈到了本书中所描述的时期，不过
较为简略一些。如果把这个参照一年多以后发生的决定性事
变作出的第二次记述与本书比较一下，就可看到作者只须作
很少的改动。

1　《马克思恩格斯选集》第 1 卷，人民出版社 1995 年版，第 471 页。——
　　编者注

使本书具有特别重大意义的是，在这里第一次提出了世界各国工人政党都一致用以扼要表述自己的经济改造要求的公式，即：生产资料归社会所有。在第二章中，讲到被称做"初次概述无产阶级各种革命要求的笨拙公式"的"劳动权"时说："其实劳动权就是支配资本的权力，支配资本的权力就是**占有生产资料**，使生产资料受联合起来的工人阶级支配，也就是消灭雇佣劳动、资本及其相互间的关系。"[1] 可见，这里第一次表述了一个使现代工人社会主义既与封建的、资产阶级的、小资产阶级的等形形色色的社会主义截然不同，又与空想的以及自发的工人共产主义所提出的模糊的财产公有截然不同的原理。如果说马克思后来把这个公式也扩大到占有交换手段上，那么这种扩大不过是从基本原理中得出的结论罢了，况且，按《共产主义宣言》[2] 来看这种扩大是不言而喻的。最近英国有些聪明人对此还提出了一个补充，说"分配手段"也应该转交给社会。这些先生大概很难说清楚，这些不同于生产资料和交换手段的经济分配手段究竟是些什么东西；他们莫不是指**政治的**分配手段，如捐税、包括萨克森林地及其他各种奖赏在内的贫民救济。但是，首先，这些分配手段现今已经归社会整体即国家或市镇所有；其次，这些分配手段正是我们想要废除的。

当二月革命爆发时，在关于革命运动的条件和进程的看

1　《马克思恩格斯选集》第1卷，人民出版社2012年版，第478—479页。——编者注

2　即《共产党宣言》。——编者注

法上，我们大家都受过去的历史经验，特别是法国经验的影响。因为正是法国在 1789 年以来的全部欧洲历史中起了主导作用，而现在它又再次发出了普遍变革的信号。因此，我们关于 1848 年 2 月在巴黎所宣布的"社会"革命即无产阶级革命的性质和步骤的观念，带有回忆 1789—1830 年榜样的浓厚色彩，这是很自然的和不可避免的。而当巴黎起义在维也纳、米兰和柏林的胜利起义中获得响应时；当整个欧洲直至俄国边境都被卷入运动时；当后来 6 月间在巴黎发生无产阶级和资产阶级争夺统治权的第一次大搏斗时；当甚至资产阶级的胜利也如此震撼各国资产阶级，致使它又重新投入刚被推翻的君主封建反动势力的怀抱时——在当时的情势下，我们不可能有丝毫怀疑：伟大的决战已经开始，这个决战将在一个很长的和充满变化的革命时期中进行到底，而结局只能是无产阶级的最终胜利。

在 1849 年失败以后，我们并没有与那些在国外聚集在未来临时政府周围的庸俗民主派抱着相同的幻想。他们指望"人民"很快就会一举彻底打败"压迫者"，我们却估计到在铲除"压迫者"之后，这个"人民"内部所隐藏着的对立成分彼此之间将进行长期的斗争。庸俗民主派等待着不久将再次爆发革命；我们却早在 1850 年秋季就已经宣布，至少革命时期的**第一阶段**已告结束，而在新的世界经济危机爆发以前什么也等待不到。因为这个缘故，我们当时曾被某些人当做革命叛徒革出教门，可是这些人后来只要受到俾斯麦的拉拢，就几乎毫无例外地跟俾斯麦和解了。

　　但是，历史表明我们也曾经错了，暴露出我们当时的看法只是一个幻想。历史走得更远：它不仅打破了我们当时的错误看法，并且还完全改变了无产阶级进行斗争的条件。1848年的斗争方法，今天在一切方面都已经过时了，这一点值得在这里比较仔细地加以探讨。

　　以往的一切革命，结果都是某一阶级的统治被另一阶级的统治所排挤；但是，以往的一切统治阶级，对被统治的人民群众而言，都只是区区少数。这样，一个统治的少数这样被推翻了，另一个少数又取代它执掌政权并依照自己的利益改造国家制度。每次上台的都是一个由于经济发展状况而有能力并且负有使命进行统治的少数集团，正因为如此，并且也只是因为如此，所以在变革发生时，被统治的多数或者站在这个少数集团方面参加变革，或者安然听之任之。但是，如果撇开每一次的具体内容不谈，那么这一切革命的共同形式就在于：它们都是少数人的革命。多数人即使参加了，他们也只是自觉地或不自觉地为少数人效劳；然而，正是由于这种情形，或者甚至只是由于多数人采取消极的不反抗的态度，就造成了一种假象，好像这个少数是代表全体人民的。

　　在初次取得巨大的成就以后，胜利的少数照例发生分裂，其中一部分人满足于已经达到的成就，另一部分人则想继续前进，提出一些新的要求，这些要求至少有一部分是符合广大人民群众的真正的或表面的利益的。在个别场合，这些比较激进的要求也曾实现过；不过，往往只是瞬间的，较温和的一派重新占了上风，刚取得的成果又全部或部分地化为乌有；于是战败者就高呼有人叛变，或者把失败归咎于偶然。而实际上情形大多是这样：第一次胜利的成果，只有通过较激进的一派取得第二次胜利才会巩固下来；而一旦达到这一点，从而实现当前所必需的东西，激进派及其成就又从舞台上消失了。

从 17 世纪英国大革命起的近代一切革命，都显示了这些似乎是与任何革命斗争分不开的特征。看来，无产阶级争取自己解放的斗争也具有这些特征，何况恰好在 1848 年，哪怕只是稍微懂得一点应该循哪个方向去求得这一解放的人还是屈指可数的。甚至连巴黎的无产阶级群众本身，在获得胜利后也还完全不明白应该选择哪一条道路。然而终究已经有了运动，有了本能的、自发的和不可遏止的运动。难道这不正是革命一定要获得成功的形势吗？虽然这次革命是由少数人领导的，但这一次已经不是为了少数人的利益，而是为了多数人的真正利益而进行的革命。既然在一切稍微长久的革命时期中，广大的人民群众如此容易被那些拼命挤到前面来的少数人的纯粹的花言巧语所欺蒙，那么他们对于那些最确切地反映他们经济状况的思想，对于那些正好是明确而合理地表达了他们自己尚未理解，而只是刚刚模糊地感觉到的要求的思想，难道会更难接受吗？诚然，当幻想消失而失望袭来的时候，人民群众的这种革命情绪几乎总是，而且往往很快就变为心灰意冷，甚至转到相反的方面去。但是，这里所涉及的问题不是欺蒙，而是实现大多数人本身的真正利益；虽然这些利益当时还根本没有为这大多数人所认识，但是在其实际实现的过程中，由于亲眼目睹而令人信服，一定很快就会为他们所认识。并且，正如马克思在第三篇文章中所证明的，1848 年"社会"革命中所产生的资产阶级共和国发展到 1850 年春季，已经使实际统治集中于大资产阶级——而且是具有保皇主义倾向的大资产阶级——手中，而另一方面则使所有其他的社会阶级，农民和小资产者，团结到无产阶级周围，以致在共同胜利时和共同胜利后，应该成为决定因素的已经不是大资产阶级，而是有了经验教训已经变得聪明起来的无产阶级。在这些条件下，难道不是完全存在着少数人的革命变成多数人的革命的前景吗？

历史表明，我们以及所有和我们有同样想法的人，都是不对的。历史清楚地表明，当时欧洲大陆经济发展的状况还远没有成熟到可以铲除资本主义生产的程度；历史用经济革命证明了这一点，从 1848 年起经济革命席卷了整个欧洲大陆，在法国、奥地利、匈牙利、波兰以及最近在俄国刚刚真正确立了大工业，并且使德国简直就变成了一个头等工业国——这一切都是以资本主义为基础的，可见这个基础在 1848 年还具有很大的扩展能力。然而，正是这个工业革命才到处都使各阶级之间的关系明朗化起来；它排除了从工场手工业时期遗留下来，而在东欧甚至是从行会手工业中遗留下来的许多过渡形式，造成了真正的资产阶级和真正的大工业无产阶级，并把它们推到了社会发展的前台。因此，在 1848 年除英国之外只在巴黎以及充其量在几个大工业中心发生的这两大阶级之间的斗争，现在已经遍及全欧洲，并且达到了在 1848 年还难以想象的激烈程度。那时存在的是许多模模糊糊的宗派福音及其各自的万应灵丹；现在则是马克思的理论，是**一个**得到大家公认的、透彻明了的、明确地表述了斗争的最终目标的理论。那时按照地区和民族来划分和区别的群众，只是由共同蒙受痛苦的感情联结起来，还不成熟，往往一筹莫展地摇摆于热情与绝望之间；现在则是**一支**社会主义者的国际大军，它不可阻挡地前进，它的人数、组织性、纪律性、觉悟程度和胜利信心都与日俱增。既然连这支强大的无产阶级大军也还没有达到目的，既然它还远不能以**一次**重大的打击取得胜利，而不得不慢慢向前推进，在严酷顽强的斗争中夺取一个一个的阵地，那么这就彻底证明了，在 1848 年要以一次简单的突然袭击来实现社会改造，是多么不可能的事情。

资产阶级分裂成两个王朝保皇集团，但是它要求的首先是它的金融活动所需的太平和安全；与之相对抗的，是虽被打败但仍然很可畏的无产阶级，小资产者和农民日益聚集在它的周围——这就始终存在突发暴力事件的威胁，而这种突发事件无论如何也不能提供任何最终解决问题的希望——，这就像是专为第三个，即冒牌民主主义的王位追求者路易·波拿巴举行政变造成的局势。1851 年 12 月 2 日，路易·波拿巴借助军队结束了紧张局势，保障了欧洲内部的安宁，同时又赐给了它一个新的战争时代。从下面进行革命的时期暂告结束了；随之而来的是从上面进行革命的时期。

1851 年的向帝制倒退，又一次证明那时无产阶级的意愿还不成熟。但是向帝制倒退本身必定会造成使无产阶级的意愿成熟起来的条件。内部安宁为新的工业繁荣的充分发展提供了保证；由于需要使军队有事可做，并且由于需要将革命潮流引开，使之关注国外，结果就产生了战争，而波拿巴就利用这些战争，借口实现"民族原则"，千方百计为法国兼并领土。他的效尤者俾斯麦为普鲁士采取了同样的政策；1866年俾斯麦实行了他自己的政变，对德意志联邦和奥地利，同样也对那个跟政府发生冲突的普鲁士议院，实行了一个从上面进行的革命。可是，欧洲太小，容不下两个波拿巴，于是就出现了历史的讽刺，俾斯麦推翻了波拿巴，普鲁士国王威廉不仅建立了一个小德意志帝国，而且还建立了一个法兰西共和国。然而总的结果则是，欧洲除波兰以外的所有各个大民族的独立自主和内部统一都成了现实。诚然，疆界是小了点，但是毕竟已宽广到足以使工人阶级的发展进程不再受民族纠纷的阻碍了。1848 年革命的掘墓人，竟成了它的遗嘱执行人。而在他们旁边则已经有 1848 年革命的继承者令人生畏地站立起来，这就是以**国际**为代表的无产阶级。

在 1870—1871 年的战争以后，波拿巴从舞台上消失了，俾斯麦的使命也已经完成，于是他又可以变成一个平庸的容克了。可是，结束这个时期的却是巴黎公社。梯也尔想窃取巴黎国民自卫军大炮的险恶企图，引起了一次胜利的起义。这再次表明，在巴黎，除了无产阶级的革命以外，任何其他的革命都已经不可能了。在胜利后，统治权就自然而然地、不容争辩地落到了工人阶级手中。这又表明，甚至在那时，即在本书所描述的那个时期的 20 年以后，工人阶级的这种统治还是多么不可能。一方面，法国让巴黎听天由命，无动于衷地观望着它在麦克马洪的炮弹下流血；另一方面，布朗基派（多数）和蒲鲁东派（少数）使公社本身发生分裂，这两派都不知道应该干什么，彼此进行着无谓的斗争，致使公社精力疲惫。1871 年的送上来的胜利，也和 1848 年的突然袭击一样，都没有什么成果。

人们以为战斗的无产阶级也跟巴黎公社一起被彻底埋葬了。可是，恰恰相反，无产阶级最强有力的发展，是从公社和普法战争的时候开始的。所有适合服兵役的人都应征入伍，被编入人数以百万计的军队，加之威力空前强大的火器、炮弹和炸药的采用——这一切在整个军事领域造成了全面的变革，从而一方面使得除了空前酷烈而结局绝对无法逆料的世界战争以外的任何其他战争都成为不可能，这样就立刻结束了波拿巴的战争时期并且保证了和平的工业发展。另一方面，它使得军费按几何级数增长，必然引起捐税的激增，从而迫使人口中较贫苦的阶级投入社会主义的怀抱。阿尔萨斯—洛林的兼并，这个引起疯狂军备竞争的最近原因，能够煽起法德两国资产阶级互相敌对的沙文主义情绪，但是它却成了两国工人的新的联系纽带。而巴黎公社的周年纪念日，则成了全体无产阶级的第一个共同节日。

正如马克思所预言的，1870—1871 年的战争和公社的失败，暂时使欧洲工人运动的重心从法国移到了德国。在法国，要从 1871 年 5 月的流血牺牲中复原过来，自然需要多年的时间。在德国则相反，工业因从法国获得的数十亿横财，简直

像处在温室条件下一样更加迅猛地发展起来，而社会民主党
也更加迅猛和持续地成长起来。由于德国工人善于利用1866
年开始实行的普选权，党的惊人的成长就以无可争辩的数字
展现在全世界面前：社会民主党所得的选票1871年为102 000
张，1874年为352 000张，1877年为493 000张。接着就是当
局以实行反社会党人法的方式承认了这些成就；党暂时被打
散了，所得选票在1881年降到了312 000张。但是这种状况
很快就被克服了，当时正是在受非常法压迫、没有报刊、没
有合法组织、没有结社集会权利的情况下，真正开始了迅速的
增长：1884年为550 000张，1887年为763 000张，1890年为
1 427 000张。这时，国家的手就软了。反社会党人法废除了，
社会党人的选票增到了1 787 000张，即超过总票数的四分之
一。政府和统治阶级使尽了一切手段，可是毫无用处，毫无
成效，毫无结果。当局，从巡夜人以至首相，都不得不接受——
并且是从被看不起的工人那里接受！——表明自己无能为力
的明显证据，而这种证据数以百万计。国家已经走入绝境，
工人却刚才起程。

德国工人仅仅以自己作为最强有力、最守纪律并且增长
最快的社会主义政党的存在，就已经对工人阶级事业作出头
一个重大贡献，除此以外，他们还对这个事业作出了第二个
重大贡献。他们给了世界各国的同志们一件新的武器——最
锐利的武器中的一件武器，向他们表明了应该怎样使用普选权。

普选权在法国老早就已经存在了，但是它在那里因为被
波拿巴政府滥用而声名狼藉。公社之后，就没有工人政党去

利用它了。在西班牙，普选权也是自共和国成立时起就已经施行了的，但在西班牙拒绝参加选举早已成为所有严肃的反对党的通则。瑞士实施普选权的结果，也根本不能鼓舞工人政党。罗曼语国家的革命工人都惯于把选举权看做陷阱，看做政府的欺骗工具。在德国，情况就不同了。《共产主义宣言》[1] 早已宣布，争取普选权、争取民主，是战斗的无产阶级的首要任务之一，而拉萨尔又再次提出了这个要求。当俾斯麦不得不实施普选权作为使人民群众对他的计划发生兴趣的唯一手段时，我们的工人立刻就认真地加以对待，把奥古斯特·倍倍尔选进了第一届制宪帝国国会。从此以后，他们就一直这样使用选举权，以致使他们自己得到了千百倍的好处，并成了世界各国工人的榜样。如果用法国马克思主义纲领中的话来说，选举权已经被他们 transformé de moyen de duperie qu'il a été jusqu'ici en instrument d'émancipation——由向来是欺骗的工具变为解放的工具。[2] 并且，即使普选权再没有提供什么别的好处，只是使我们能够每三年计算一次自己的力量；只是通过定期确认的选票数目的意外迅速的增长，既加强工人的胜利信心，同样又增加对手的恐惧，因而成为我们最好的宣传手段；只是给我们提供了关于我们自身力量和各个敌对党派力量的精确情报，从而给了我们一把衡量我们的行动是否适度的独一无二的尺子，使我们既可避免不适时的畏缩，

1　即《共产党宣言》。——编者注
2　马克思：《法国工人党纲领导言（草案）》，载《马克思恩格斯选集》第 3 卷，人民出版社 2012 年版，第 818 页。——编者注

又可避免不适时的蛮勇——即使这是选举权所给予我们的唯一的好处，那也就够多了。但是它的好处还要多得多。在竞选宣传中，它给了我们独一无二的手段到人民还疏远我们的地方去接触群众，并迫使一切政党在全体人民面前回答我们的抨击，维护自己的观点和行动；此外，它在帝国国会中给我们的代表提供了一个讲坛，我们的代表在这个讲坛上可以比在报刊上和集会上更有权威和更自由得多地向自己在议会中的对手和议会外的群众讲话。既然竞选宣传和帝国国会中的社会主义演说不断地突破反社会党人法，那么这项法律对于政府和资产阶级还有什么用处呢？

而由于这样有成效地利用普选权，无产阶级的一种崭新的斗争方式就开始发挥作用，并且迅速获得进一步的发展。人们发现，在资产阶级用来组织其统治的国家机构中，也有一些东西是工人阶级能够用来对这些机构本身作斗争的。工人参加各邦议会、市镇委员会以及工商业仲裁法庭的选举；他们同资产阶级争夺每一个职位，只要在确定该职位的人选时有足够的工人票数参加表决。结果弄得资产阶级和政府害怕工人政党的合法活动更甚于害怕它的不合法活动，害怕选举成就更甚于害怕起义成就。

这里斗争的条件已经发生了根本的变化。旧式的起义，在1848年以前到处都起过决定作用的筑垒巷战，现在大大过时了。

我们对此不应抱什么幻想，因为在巷战中起义者对军队的真正胜利，像两支军队之间的那种胜利，是极其罕见的。而起义者指望获得这样的胜利，也是同样罕见的。对起义者而言，关键在于用道义影响来动摇军队的士气，而这在两个交战国军队之间不会有任何作用，或者无论如何作用要小得多。如果这一点做到了，军队就会拒绝开枪，或者指挥官就会惊慌失措，而起义就会胜利。如果做不到，那么军队方面即使人数较少，也会显示出装备和训练较好、指挥统一、兵力调度得当和遵守军纪等长处。起义在实际战术行动中所能达到的，至多也只是熟练地构筑和防卫个别街垒。至于互相支援、后备力量的配置或使用，简言之，各分队的互相配合和协同动作，在防卫一个市区时已经是必不可少的，更不用说防卫整个大城市了——但是这在起义的场合往往是根本做不到的，即使做到了也是漏洞百出；集中战斗力于决定胜负的一点，在这里也就谈不上了。所以，这里主要的斗争形式是消极防御；如果某些地方也采取攻势，那只是例外，只是为了进行偶然的出击和翼侧攻击；通常进攻只限于占领退却军队所放弃的阵地。并且，军队拥有大炮以及装备精良和训练有素的工兵，而起义者则差不多总是完全缺乏这些战斗手段。所以无怪乎那些表现了莫大英勇精神的街垒战——如 1848 年 6 月在巴黎，1848 年 10 月在维也纳，1849 年 5 月在德累斯顿——，当进攻部队的指挥官抛开政治上的考虑而按纯粹军事观点采取行动，并且手下的士兵仍属可靠的时候，就都以起义失败而告终。

1848 年以前起义者多次获得成功，是有各种各样原因的。1830 年 7 月和 1848 年 2 月在巴黎，以及在西班牙大部分巷战中，在军队与起义者之间都站着市民自卫军，它或者是直接投向起义者方面，或者是因采取冷漠的、犹豫不决的态度而使得军队也发生动摇，并且它还为起义者提供武器。凡是在这种市民自卫军一开始就表示反对起义的地方，如 1848 年 6 月在巴黎那样，起义便会遭受失败。1848 年柏林人民之所以获得胜利，一部分是由于 3 月 18 日夜间到 19 日早晨有许多新的战斗力量归附了他们，一部分是由于军队的疲惫和供应恶劣，还有一部分是由于指挥不力。但是在一切场合，起义者获得胜利总是由于军队拒绝执行命令，由于指挥官优柔寡断，或是由于指挥官的行动受到了束缚。

可见，即使在盛行巷战的时代，街垒在道义上也比在物质上起的作用更大。街垒是一种动摇军心的手段。如果能坚持到实现这个目的，就获得胜利；否则就遭受失败。在考察将来可能发生的巷战的胜利机会时，这也是应该注意的一个主要点。[1]

在 1849 年，这种胜利机会就已经相当少了。资产阶级到处都投到政府方面去了；"教育和财产"的代表人物欢迎和犒赏了镇压起义的军队。街垒已经丧失了它的魅力；兵士已经不是把街垒后面的人们看做"人民"，而是把他们看做叛逆者、颠覆分子、抢掠者、分赃分子、社会渣滓；军官们渐渐掌握了巷战的战术形式：他们已经不是毫无掩蔽地径直冲向匆匆砌成的胸墙，而是穿过花园、庭院和房屋迂回前进。

---

1 在《新时代》杂志刊载的文本和 1895 年出版的单行本《1848 年至 1850 年的法兰西阶级斗争》中，这句话被删去。——编者注

而这种办法，现在只要稍微用得巧妙一些，十回有九回都能得手。

　　而自那时以来，又发生了许多变化，并且都对军队有利。如果说大城市已经扩展了很多，那么军队就扩增得更多了。巴黎和柏林的人口自 1848 年以来增长不到四倍，而那里的驻军却增长到四倍以上。借助铁路，这些驻军的人数在 24 小时内就能增加一倍以上，而在 48 小时内则能扩增为一支大军。这些军队不仅人数大量增加，在武装上也是无比地改进了。在 1848 年是击发式前装滑膛枪，现在是小口径后装弹仓枪，它的射程是旧式枪的四倍，准确性和射速则是十倍。先前大炮发射的是威力不大的实心球形弹和霰弹，现在则是爆炸式的榴弹，只要命中一发，就足以摧毁最好的街垒。先前用以破坏防火壁的是工兵的丁字镐，现在则是炸药筒。

　　相反，在起义者方面，一切条件都变坏了。人民各个阶层都同情的起义，很难再有了；在阶级斗争中，中等阶层大概永远不会毫无例外地统统团结在无产阶级的周围，从而使纠集在资产阶级周围的反动党派几乎完全消失。就是说，"人民"看来将总是分开的，因而也就不会有一个强有力的像在 1848 年那样非常起作用的杠杆了。如果有较多服过役的士兵投到起义者方面，那么要把他们武装起来就更为困难了。枪械商店中的猎枪和豪华枪，即使没有按照警察命令预先把枪机的某一部分拆去而弄成不能使用，在近战中也远比不上士兵的弹仓枪。在 1848 年以前，可以自己用火药和铅制造出所需的子弹，而现在每种枪的子弹都各不相同，其相同点只在于它们都是大工业的复杂产品，因而是不能即刻制成的，所以，如果没有专用的子弹，大部分枪支就都会成为废物。最后，各大城市在1848年以后新建的街区中，街道都是又长、又直、又宽，好像是故意要使新式枪炮能充分发挥其效力似的。一个革命者，如果自愿选择柏林北部和东部的新建工人街区来进行街垒战，那他一定是疯了。

这是不是说，巷战在将来就不会再起什么作用了呢？决不是。这只是说，自1848年以来，各种条件对于民间战士已经变得不利得多，而对于军队则已经变得有利得多了。所以说，将来的巷战，只有当这种不利的情况有其他的因素来抵消的时候，才能达到胜利。因此，巷战今后在大规模革命初期将比在大规模革命的发展进程中要少，并且必须要用较多的兵力来进行。而这样多的兵力，正如在整个法国大革命期间以及1870年9月4日和10月31日在巴黎那样，到时候恐怕会宁愿采取公开进攻，而不采取消极的街垒战术。[1]

现在，读者是否已经明白了，为什么统治阶级一定要把我们引到枪鸣剑啸的地方去？为什么现在人家因为我们不愿贸然走上我们预先知道必遭失败的街头，就指责我们怯懦？为什么他们这样坚决恳求我们最终答应去当炮灰？

这些先生们发出的恳求和挑战完全是徒劳的。我们并不这么笨。他们也可以在下一次战争中同样要求敌人，把军队

1　在《新时代》杂志刊载的文本和1895年出版的单行本《法兰西阶级斗争》中，整个这一段被删去。——编者注

排列成老弗里茨式的横队，或是排列成瓦格拉姆会战和滑铁卢会战中那样的整师构成的纵队，并且手持燧发枪。如果说国家间战争的条件已经变化，那么阶级斗争的条件也有了同样大的变化。实行突然袭击的时代，由自觉的少数人带领着不自觉的群众实现革命的时代，已经过去。凡是要把社会组织完全加以改造的地方，群众自己就一定要参加进去，自己就一定要弄明白这为的是什么，他们为争取什么而去流血牺牲[1]。近 50 年来的历史，已经教会了我们认识这一点。但是，为了使群众明白应该做什么，还必须进行长期的坚持不懈的工作，而我们现在正是在进行这种工作，并且进行得很有成效，已经使敌人陷于绝望。

在罗曼语国家里，人们也开始逐渐了解到对旧策略必须加以修正。德国人作出的利用选举权夺取我们所能夺得的一切阵地的榜样，到处都有人效法；无准备的攻击，到处都退到次要地位[2]。在法国，虽然一百多年来地基已经被一次又一次的革命掏空，那里没有一个政党不曾采取过密谋、起义和其他各种革命行动，因此政府丝毫也不信赖军队，一般说来，环境对于突然起义要比在德国有利得多。但是甚至在法国，社会主义者也日益认识到，除非预先把人口中的主体——在

1　在《新时代》杂志刊载的文本和 1895 年出版的单行本《1848 年至 1850年的法兰西阶级斗争》中，不是"他们为争取什么而去流血牺牲"，而是"他们应该拥护什么"。——编者注

2　在《新时代》杂志刊载的文本和 1895 年出版的单行本《1848 年至 1850年的法兰西阶级斗争》中，"无准备的攻击，到处都退到次要地位"这句话被删去。——编者注

这里就是农民——争取过来，否则就不可能取得持久的胜利。耐心的宣传工作和议会活动，在这里也被认为是党的当前任务。成绩很快就做出来了。社会主义者不但夺得了许多市镇委员会，而且已经有 50 个社会主义者在议院中占有议席，他们已经推翻了共和国的三个内阁和一个总统。在比利时，工人去年争得了选举权，并在四分之一的选区中获得了胜利。在瑞士、意大利、丹麦，甚至在保加利亚和罗马尼亚，都有社会主义者参加议会。在奥地利，所有一切政党都已经一致认定再不能继续阻挠我们进入帝国议会了。我们是一定要进去的，现在争论的问题只是从哪一个门进去。甚至在俄国，如果召开著名的国民代表会议，即小尼古拉现在徒然反对召开的那个国民议会，我们也能很有把握地预期那里也将有我们的代表参加。

不言而喻，我们的外国同志们没有放弃自己的革命权。须知革命权是唯一的**真正**"历史权利"——是所有现代国家无一例外都以它为基础建立起来的唯一权利，连梅克伦堡也包括在内，那里的贵族革命是 1755 年以《继承条约》这个至今还有效力的光荣的封建主义文书而告终的。革命权已经如此普遍地深入人心，甚至冯·博古斯拉夫斯基将军也只是根据这个人民权利才为自己的皇帝引申出举行政变的权利。

但是，不管别国发生什么情况，德国社会民主党总是占有一个特殊的地位，所以它至少在最近的将来就负有一个特殊的任务。由它派去参加投票的 200 万选民，以及虽非选民而却拥护他们的那些男青年和妇女，共同构成为一个最广大的、坚不可摧的人群，构成国际无产阶级大军的决定性的"突击队"。这个人群现在就已经占总票数的四分之一以上，并且时刻都在增加，帝国国会的补充选举以及各邦议会、市镇委员会和工商业仲裁法庭的选举都证明了这一点。它的增长过程是自发的，经常不断的，不可遏止的，并且是平稳的，正如自然界中发生的某种过程一样。政府对此进行的一切干预都毫无成效。我们在现在就已经能指望拥有 225 万选民。如果这样继续下去，我们在本世纪末就能夺得社会中间阶层的大部分，小资产阶级和小农，发展成为国内的起决定作用的力量，其他一切势力不管愿意与否，都得向它低头。我们的主要任务就是不停地促使这种力量增长到超出现行统治制度的控制能力，不让这支日益增强的突击队在前哨战中被消灭掉，而是要把它好好地保存到决战的那一天[1]。只有一种手段才能把德国社会主义战斗力量的不断增长过程暂时遏止住，甚至使它在一个时期内倒退：那就是使它同军队发生大规模冲突，像 1871 年在巴黎那样流血。从长远来看，这也会被克服的。要把一个成员以百万计的党派从地面上消灭是不可能的，即使动用欧洲和美洲所有的弹仓枪都做不到。但是这种冲突会阻碍正常的发展进程，我们临到紧急关头也许就会没有突击队，决定性的战斗[2]就会推迟、拖延并且会造成更大的

---

1 在《新时代》杂志刊载的文本和 1895 年出版的单行本《1848 年至 1850 年的法兰西阶级斗争》中，"不让这支日益增强的突击队在前哨战中被消灭掉，而是要把它好好地保存到决战的那一天"被删去。——编者注

2 在《新时代》杂志刊载的文本和 1895 年出版的单行本《1848 年至 1850 年的法兰西阶级斗争》中，"我们临到紧急关头也许就会没有突击队"被删去，而"决定性的战斗"印成"解决"。——编者注

牺牲。

世界历史的讽刺把一切都颠倒了过来。我们是"革命者"、"颠覆者"，但是我们用合法手段却比用不合法手段和用颠覆的办法获得的成就多得多。那些自称为秩序党的党派，却在它们自己所造成的合法状态下走向崩溃。它们跟奥迪隆·巴罗一起绝望地高叫：La légalité nous tue——合法性害死我们，可是我们在这种合法性下却长得身强力壮，容光焕发，简直是一副长生不老的样子。只要**我们**不糊涂到任凭这些党派把我们骗入巷战，那么它们最后只有一条出路：自己去破坏这个致命的合法性。

目前，它们在制定新的法律来反对颠覆。又是一切都颠倒了。难道今天疯狂的反颠覆的人不正是昨天的颠覆者吗？难道是**我们**引起了1866年内战吗？难道是**我们**把汉诺威国王、黑森选帝侯、拿骚公爵驱出了他们世袭的合法的领土，并且兼并了这些领土吗？不正是这些颠覆了德意志联邦和三个奉天承运国王的人们，在那里埋怨颠覆吗？谁能容许格拉古埋怨叛乱呢？[1]谁能容许崇拜俾斯麦的人们咒骂颠覆呢？

他们尽可以去通过他们的反颠覆法草案，把这些草案弄得更残忍些，把全部刑法变成一块可以随便捏的橡皮，而他们所能得到的，只是再次证明自己无能为力罢了。他们要想认真地对付社会民主党就不得不采取完全不同的办法。现在社会民主党是靠遵守法律来从事颠覆的，要反对社会民主党

1　参看尤维纳利斯《讽刺诗集》第2首。——编者注

的颠覆，他们就只能运用秩序党式的颠覆，即非破坏法律不可的颠覆。普鲁士的官僚律斯勒先生和普鲁士的将军冯·博古斯拉夫斯基先生，已经给他们指明了也许能用来对付那些不愿被人骗入巷战的工人们的唯一手段。破坏宪法，实行独裁，恢复专制，以君主的意志为最高的法律！那就大胆干吧，先生们，这里闲谈没有用，需要的是实际行动！

但是请不要忘记，德意志帝国同一切小国家，一般说来同一切现代国家一样，是**一种契约的产物**：首先是君主之间的契约的产物，其次是君主与人民之间的契约的产物。如果有一方破坏契约，整个契约就要作废，另一方也就不再受约束。这点已经由俾斯麦在 1866 年给我们绝妙地示范过。所以，如果你们破坏帝国宪法，那么社会民主党也就可以放开手脚，能随意对付你们了。但是它届时究竟会怎样做——这点它今天未必会告诉你们。[1]

几乎整整 1600 年以前，罗马帝国也有一个危险的颠覆派活动过。它破坏了宗教和国家的一切基础；它干脆不承认皇帝的意志是最高的法律，它没有祖国，是国际性的，它散布在帝国各处，从高卢到亚细亚，并且渗入帝国边界以外的地方。它曾长期进行地下秘密活动，但是它在一个相当长的时期内感觉到自己已经足够强大，应该公开活动了。这个叫做基督徒的颠覆派，在军队中也有许多信徒；整个整个的军团

1　在《新时代》杂志刊载的文本和 1895 年出版的单行本《1848 年至 1850 年的法兰西阶级斗争》中，这一段的最后三句话被删去。——编者注

都信奉基督教。当这些军团被派去参加非基督教的国教会的祭典礼仪时，颠覆派士兵们就大胆地在头盔上插上了特别的标志——十字架，以示抗议。连兵营里长官所惯用的惩戒手段也不能奏效。戴克里先皇帝不能再无动于衷地看着他军队中的秩序、服从和纪律败坏下去。他趁着还不太迟的时候采取了坚决措施。他颁布了一道反社会党人法，请原谅，我是想说反基督徒法。颠覆者被禁止举行集会，他们的集会场所被封闭或者甚至被捣毁了，基督教的标志——十字架等等——一概被禁止，正像在萨克森禁止红手帕一样。基督徒不得担任公职，甚至不能当上等兵。既然当时还没有在"讲体面"方面训练有素的法官，还没有冯·克勒尔先生的那个反颠覆草案所需要有的那种法官，所以基督徒就干脆被禁止在法庭上寻求公道。但是连这项非常法也没有奏效。基督徒轻蔑地把它从墙上扯下来，并且据说他们甚至在尼科美底亚放火烧毁了皇帝当时所在的宫殿。于是皇帝就在公元303年用大规模迫害基督徒来进行报复。这是这类迫害的最后一次。而这次迫害竟起了如此巨大的作用，以致17年之后，军队中绝大多数都成了基督徒，而继任的全罗马帝国君主，即教士们所称的君士坦丁大帝，则宣布基督教为国教了。

弗·恩格斯
1895年3月6日于伦敦

《1848 年至 1850 年的法兰西阶级斗争》（节选）*

马克思

* 节选自《马克思恩格斯选集》第 1 卷，人民出版社 2012 年版，第 445—543 页。

除了很少几章之外，1848—1849 年的革命编年史中每一个较为重要的章节，都冠有一个标题：**革命的失败**！

在这些失败中灭亡的并不是革命，而是革命前的传统的残余，是那些尚未发展到尖锐阶级对立地步的社会关系的产物，即革命党在二月革命以前没有摆脱的一些人物、幻想、观念和方案，这些都不是**二月胜利**所能使它摆脱的，只有一连串的**失败**才能使它摆脱。

总之，革命的进展不是在它获得的直接的悲喜剧式的胜利中，相反，是在产生一个联合起来的、强大的反革命势力的过程中，即在产生一个敌对势力的过程中为自己开拓道路的，只是通过和这个敌对势力的斗争，主张变革的党才走向成熟，成为一个真正革命的党。

证明这一点就是下面几篇论文的任务。

一

1848 年的六月失败

七月革命之后，自由派的银行家拉菲特陪同他的教父[1]奥尔良公爵向市政厅胜利行进时，脱口说出了一句话："**从今以后，银行家要掌握统治权了。**"拉菲特道出了这次革命的秘密。

在路易 – 菲力浦时代掌握统治权的不是法国资产阶级，

1　"教父"的原文是"compère"，也有"同谋者"的意思。——编者注

而只是这个资产阶级中的**一个集团**：银行家、交易所大王、铁路大王、煤铁矿和森林的所有者以及一部分与他们有联系的土地所有者，即所谓**金融贵族**。他们坐上王位，他们在议会中任意制定法律，他们分配从内阁到烟草专卖局的各种公职。

真正**工业资产阶级**是官方反对派中的一个部分，就是说，它的代表在议会中只占少数。金融贵族的专制发展得越纯粹，工业资产阶级本身越以为在 1832 年、1834 年和 1839 年各次起义被血腥镇压以后，它对工人阶级的控制已经巩固，则它的反对派态度也就越坚决。鲁昂的工厂主**格朗丹**在制宪国民议会和立法国民议会中是资产阶级反动势力的最狂热的喉舌，在众议院中却是基佐的最激烈的反对者。后来曾以妄图充当法国反革命派的基佐角色而出名的**莱昂·福适**，在路易－菲力浦统治末年，为了工业的利益进行过反对投机事业及其走狗——政府的笔战。**巴师夏**曾以波尔多和所有法国酿酒厂主的名义煽动反对现存的统治制度。

小资产阶级的所有阶层，以及**农民阶级**，都完全被排斥于政权之外。最后，置身于官方反对派的行列或者完全处于选举权享有者的范围之外的有上述阶级的**意识形态**代表和代言人，即它们的学者、律师、医生等等，简言之，就是它们的那些所谓"专门人才"。

财政困难使七月王朝一开始就依赖资产阶级上层，而它对资产阶级上层的依赖又不断造成日益加剧的财政困难。没有达到预算平衡，没有达到国家收支平衡，是不能使国家行政服从于国民生产利益的。然而，如果不缩减国家开支，即不损害那些恰好构成现存统治制度的全部支柱的利益，如果不重新调整捐税的分担，即不把很大一部分税负加到资产阶级上层分子肩上，又怎能达到这种平衡呢？

国家负债倒是符合资产阶级中通过议会来统治和立法的那个集团的**直接利益**的。**国家赤字**，这正是他们投机的真正对象和他们致富的主要源泉。每一年度结束都有新的赤字。每过四至五年就有新的公债。而每一次新的公债都使金融贵族获得新的机会去盘剥被人为地保持在濒于破产状态的国家，因为国家不得不按最不利的条件向银行家借款。此外，每一次新的公债都使他们获得新的机会通过交易所活动来掠夺投资于国债券的大众，而政府和议会多数派议员是了解交易所活动的秘密的。一般说来，银行家和他们在议会中和王位上的同谋者由于利用国家信用的不稳定状态和掌握国家的机密，有可能制造国债券行价的突然急剧的波动，这种波动每次都会使许多较小的资本家破产，使大投机者难以置信地暴富起来。正因为国家赤字符合掌握统治权的那个资产阶级集团的直接利益，所以路易－菲力浦统治最后几年的国家**非常**开支超过了拿破仑统治时的国家非常开支一倍以上；这笔开支每年几乎达到 4 亿法郎，而法国年输出总额平均很少达到 7.5 亿法郎。此外，这样由国家经手花出的巨款，又使各式各样骗人的供货合同、贿赂、贪污以及舞弊勾当有机可乘。在发行国债时大批地骗取国家财物，而在承包国家工程时则零星地骗取。议会与政府之间所发生的事情，在各个官厅与各个企业家之间反复重演着。

正如统治阶级在整个国家支出和国债方面进行掠夺一样，它在**铁路建筑**方面也进行掠夺。议会把主要开支转嫁于国家而保证投机的金融贵族得到黄金果。大家都记得众议院中的那些丑闻，当时偶然暴露出：多数派的全体议员，包括一部分内阁大臣在内，都曾以股东身份参与他们后来以立法者身份迫令国家出资兴办的那些铁路建筑工程。

相反，任何细小的财政改革，都因银行家施加影响而遭到失败。**邮政改革**就是一例。路特希尔德起来抗议了。难道国家能缩减它赖以支付日益增加的国债利息的财源吗？

七月王朝不过是剥削法国国民财富的股份公司，这个公司的红利是在内阁大臣、银行家、24 万选民和他们的走卒之间分配的。路易－菲力浦是这个公司的经理——坐在王位上的罗伯尔·马凯尔。这个制度经常不断地威胁和损害商业、工业、农业、航运业，即工业资产阶级的利益，而这个资产阶级在七月事变时在自己的旗帜上写下的是 gouvernement à bon marché——廉价政府。

金融贵族颁布法律，指挥国家行政，支配全部有组织的社会权力机关，而且借助于这些现实状况和报刊来操纵舆论，与此同时，在一切地方，上至宫廷，下至低级的咖啡馆，到处都是一样卖身投靠，一样无耻欺诈，一样贪图不靠生产而靠巧骗他人现有的财产来发财致富；尤其是在资产阶级社会的上层，不健康的和不道德的欲望以毫无节制的、时时都和资产阶级法律本身相抵触的形式表现出来，在这种形式下，投机得来的财富自然要寻求满足，于是享乐变成放荡，金钱、污秽和鲜血汇为一流。金融贵族，不论就其发财致富的方式还是就其享乐的性质来说，都不过是**流氓无产阶级在资产阶级社会上层的再生**罢了。

当 1847 年，在资产阶级社会最高贵的舞台上公开演出那些通常使流氓无产阶级进入妓院、贫民院和疯人院，走向被告席、苦役所和断头台的同样场景时，法国资产阶级中没有掌握统治权的集团高叫"**腐败！**"人民大声疾呼："**打倒大盗！打倒杀人凶手！**"工业资产阶级看到了对自己利益的威胁，小资产阶级充满了道义的愤慨，人民的想象力被激发起来了。诸如《路特希尔德王朝》、《犹太人是现代的国王》等等的讽刺作品，充斥巴黎全城，这些作品都或多或少巧妙地揭露和诅咒了金融贵族的统治。

不为荣誉做任何事情！荣誉不能带来任何好处！无论何时何地都要和平！战争将使三分息和四分息国债券降价！这就是交易所犹太人的法国写在自己旗帜上的字样。因此，它的对外政策就是让法国人的民族感情遭到一系列的凌辱。当奥地利吞并克拉科夫而完成了对波兰的掠夺的时候，当基佐在瑞士宗得崩德战争中积极地站到了神圣同盟方面的时候，法国人的民族感情更加激昂起来了。瑞士自由党人在这次虚张声势的战争中的胜利增强了法国资产阶级反对派的自尊心，而巴勒莫人民的流血起义则像电击一样激活了麻痹的人民群众，唤起了他们的伟大革命回忆和热情[1]。

最后，**两起世界性的经济事件**的发生，加速了普遍不满的爆发，使愤怒发展成了起义。

1845 年和 1846 年的马铃薯病害和歉收，使得到处民怨沸腾。1847 年的物价腾贵，在法国也像在欧洲大陆其他各国一样，引起了流血冲突。金融贵族过着糜烂生活，人民却在为起码的生计而挣扎！在比藏赛，饥荒暴动的参加者被处死刑，在巴黎，大腹便便的骗子却被王室从法庭中抢救出来！

加速革命爆发的第二个重大经济事件，就是**英国的普遍的工商业危机**。1845 年秋季铁路股票投机者整批失败的事实已经预示了这次危机的来临，在 1846 年有一系列偶然情况如谷物关税即将废除等等使它延缓了一下，到 1847 年秋天危机终于爆发了。最初是伦敦经营殖民地货物贸易的大商人破产，接着便是土地银行破产和英国工业区工厂倒闭。还没有等到这次危机的全部后果在大陆上彻底表现出来，二月革命就爆发了。

这场由经济瘟疫造成的工商业的毁灭，使金融贵族的专制统治变得更加不堪忍受了。反对派的资产阶级，在法国各处发起了支持**选举改革的宴会运动**，这种改革的目的是要使他们能在议会中取得多数，并推翻交易所内阁。在巴黎，工

1　恩格斯在 1895 年版上加了一个注："奥地利在俄国和普鲁士同意下吞并克拉科夫，是在 1846 年 11 月 11 日；瑞士宗得崩德战争，是在 1847 年 11 月 4 日至 28 日；巴勒莫的起义，是在 1848 年 1 月 12 日；1 月底，那不勒斯军队对该城进行了一连九天的炮击。"——编者注

业危机还引起一个特别的后果：一批在当时的条件下已无法再在国外市场做生意的工厂主和大商人只得涌向国内市场。他们开设大公司，使大批小杂货商和小店主被大公司的竞争弄得倾家荡产。因此巴黎资产阶级中间这一部分人破产的很多，他们也因此而在二月事变中采取了革命行动。大家都知道，基佐和议会以露骨的挑战回答了选举改革的提议，路易－菲力浦决定要任命巴罗组阁的时候已经太迟了，事情竟闹到人民与军队发生冲突，军队因国民自卫军采取消极态度而被解除了武装，七月王朝不得不让位给临时政府。

在二月街垒战中产生出来的**临时政府**，按其构成成分必然反映出分享胜利果实的各个不同的党派。它只能是**各个不同阶级间妥协的产物**，这些阶级曾共同努力推翻了七月王朝，但他们的利益是互相敌对的。临时政府中**绝大多数**是资产阶级的代表。赖德律－洛兰和弗洛孔代表共和派小资产阶级，代表共和派资产阶级的是《国民报》方面的人物，代表王朝反对派的是克雷米约、杜邦·德勒尔等。工人阶级只有两个代表：路易·勃朗和阿尔伯。至于临时政府中的拉马丁，他当时并不代表任何现实利益，不代表任何特定阶级；他体现了二月革命本身，体现了这次带有自己的幻想、诗意、虚构的内容和辞藻的总起义。不过，这个二月革命的代言人，按其地位和观点看来是属于**资产阶级**的。

如果说巴黎由于政治上的中央集权而统治着法国，那么工人在革命的动荡时期却统治着巴黎。临时政府诞生后采取的第一个行动，就是企图从陶醉的巴黎向清醒的法国呼吁，从而摆脱这种压倒一切的影响。拉马丁不承认街垒战士有权宣告成立共和国。他认为，只有法国人的大多数才有权这样做，必须等待他们投票表决，巴黎的无产阶级不应该因篡夺权力而玷污自己的胜利。资产阶级只允许无产阶级进行**一种篡夺**，即对于斗争权的篡夺。

直到 2 月 25 日中午时分，共和国还没有宣告成立，然而内阁的一切职位都已被临时政府中的资产阶级分子，以及《国民报》派的将军、银行家和律师们瓜分了。但是工人这一次已决心不再像 1830 年 7 月那样任人欺骗。他们准备重新开始斗争，以武力强迫成立共和国。**拉斯拜尔**前往市政厅去声明这一点。他以巴黎无产阶级的名义，**命令**临时政府宣布成立共和国；如果人民的这个命令在两小时之内不付诸执行，他就要带领 20 万人回来。阵亡战士尸骨未寒，街垒尚未拆除，工人也还没有解除武装，而唯一可以用来与工人相对抗的力量不过是国民自卫军。在这种情况下，临时政府的政略上的考虑和按法律行事的拘谨精神立即消失不见了。两小时的期限未满，巴黎的各处墙壁上就已出现了具有历史意义的夺目的大字：

法兰西共和国！自由，平等，博爱！

以普选权为基础的共和国一宣告成立，那些驱使资产阶级投入二月革命的有限目的和动机就无人记起了。不是资产阶级中的少数几个集团，而是法国社会中所有阶级，都突然被抛到政权的圈子里来，被迫离开包厢、正厅和楼座而登上革命舞台亲身去跟着一道表演！随着立宪君主制被推翻，国家政权不受资产阶级社会支配的这种假象就消失了，因而由这种虚假的政权挑起的一切派生的冲突也一并消失了！

无产阶级既然把共和国强加给临时政府，并通过临时政府强加给全法国，它就立刻作为一个独立的党登上了前台，但是同时它招致了整个资产阶级的法国来和它作斗争。它所获得的只是为自身革命解放进行斗争的基地，而决不是这种解放本身。

其实，二月共和国首先应该**完善资产阶级的统治**，因为这个共和国使**一切有产阶级**同金融贵族一起进入了政权的圈子。大多数的大土地所有者即正统派从七月王朝迫使他们所处的那种政治地位低微的状态中解脱出来。无怪乎《法兰西报》同反对派的报纸一起进行过鼓动，无怪乎拉罗什雅克兰在 2 月 24 日的众议院会议上表示过赞同革命。普选权已把那些在法国人中占绝大多数的名义上的所有者即**农民**指定为法国命运的裁定人。最后，二月共和国打落了后面隐藏着资本的王冠，因而资产阶级的统治现在已经赤裸裸地显露出来。

正如在七月事变中工人争得了**资产阶级君主国**一样，在二月事变中他们争得了**资产阶级共和国**。正如七月君主国不得不宣布自己为**设有共和机构的君主国**一样，二月共和国也不得不宣布自己为**设有社会机构的共和国**。巴黎的无产阶级把这个让步也**争到手了**。

工人马尔什迫使刚成立的临时政府颁布了一项法令，其中规定临时政府保证工人能以劳动维持生存，使全体公民都有工可做等等。当临时政府几天以后忘却了自己的诺言，并

且好像心目中已经没有了无产阶级的时候，有两万工人群众
向市政厅进发，大声高呼：**组织劳动！成立专门的劳动部！**
临时政府经过长时间的辩论之后，勉强设立了一个专门常设
委员会，负责**探求**改善工人阶级状况的办法！这个委员会由
巴黎各手工业行会的代表组成，由路易·勃朗和阿尔伯两人
任主席。把卢森堡宫拨给它做会址。这样，工人阶级的代表
就被逐出了临时政府的所在地，临时政府中的资产阶级分子
就把实际的国家政权和行政管理权完全掌握在自己手中了。
在财政部、商业部和公共工程部**旁边**，在银行和交易所**旁边**，
修建了一个**社会主义的礼拜堂**，这个礼拜堂的两个最高祭司
路易·勃朗和阿尔伯所承担的任务就是要发现乐土，宣告新
福音，并让巴黎无产阶级有工作可做。与任何世俗的国家政
权机关不同，他们既没有任何经费预算，也没有任何行政权。
他们得用自己的头去撞碎资产阶级社会的柱石。卢森堡宫在
寻找点金石，市政厅里却在铸造着通用的钱币。

可是，巴黎无产阶级的要求既然越出了资产阶级共和国
的范围，那也只能在卢森堡宫的朦胧状态中得到表现。

工人与资产阶级共同进行了二月革命；现在工人企图在
资产阶级**旁边**实现自己的利益，就像他们在临时政府本身安
插了一位工人坐到资产阶级多数派旁边一样。**组织劳动！**但
是雇佣劳动就是现存的资产阶级的组织劳动。没有雇佣劳动，
就没有资本，就没有资产阶级，就没有资产阶级社会。**专门
的劳动部！**但是，难道财政部、商业部和公共工程部不是**资
产阶级的劳动部**吗？设在这些部**旁边**的无产阶级的劳动部，

只能是一个软弱无力的部，只能是一个徒有善良愿望的部，只能是一个卢森堡委员会。工人们相信能在资产阶级旁边谋求自身解放，同样，他们也认为能够在其他资产阶级国家旁边实现法国国内的无产阶级革命。但是，法国的生产关系是受法国的对外贸易制约的，是受法国在世界市场上的地位以及这个市场的规律制约的。如果没有一场击退英国这个世界市场暴君的欧洲革命战争，法国又怎么能打破这种生产关系呢？

一个一旦奋起反抗便集中体现社会的革命利益的阶级，会直接在自己的处境中找到自己革命活动的内容和材料：打倒敌人，采取适合斗争需要的办法，它自身行动的结果就推动它继续前进。它并不从理论上研究本身的任务。法国工人阶级不是站在这样的立足点上，它还没有能力实现自己的革命。

一般说来，工业无产阶级的发展是受工业资产阶级的发展制约的。在工业资产阶级统治下，它才能获得广大的全国规模的存在，从而能够把它的革命提高为全国规模的革命；在这种统治下，它才能创造出现代的生产资料，这种生产资料同时也正是它用以达到自身革命解放的手段。只有工业资产阶级的统治才能铲除封建社会的物质根底，并且铺平无产阶级革命唯一能借以实现的地基。法国的工业比大陆上其他地区的工业更发达，而法国的资产阶级比大陆上其他地区的资产阶级更革命。但是二月革命难道不是直接反对金融贵族的吗？这一事实证明，工业资产阶级并没有统治法国。工业资产阶级的统治只有在现代工业已按本身需要改造了一切所有制关系的地方才有可能实现；而工业又只有在它已夺得世界市场的时候才能达到这样强大的地步，因为在本国的疆界内是不能满足其发展需要的。但是，法国的工业，甚至对于国内市场，也大都是依靠变相的禁止性关税制度才掌握得住。所以当革命发生时，法国无产阶级在巴黎拥有实际的力量和影响，足以推动它超出自己所拥有的手段去行事，而在法国其他地方，无产阶级只是集聚在一个个零散的工业中心，几乎完全消失在占压倒多数的农民和小资产阶级中间。具有发展了的现代形式、处于关键地位的反资本斗争，即工业雇佣工人反对工业资产者的斗争，在法国只是局部现象。在二月事变之后，这种斗争更不能成为革命的全国性内容，因为在当时，反对次一等的资本剥削方式的斗争，即农民反对高利贷和反对抵押制的斗争，小资产者反对大商人、银行家和工厂主的斗争，也就是反对破产的斗争，还隐蔽在反对金融贵族的普遍起义之中。所以，无怪乎巴黎无产阶级力图在资产阶级利益**旁边**实现自己的利益，而不是把自己的利益提出来当做社会本身的革命利益；无怪乎它在**三色**旗面前降下了**红**旗。在革命进程把站在无产阶级与资产阶级之间的国民大众即农民和小资产者发动起来反对资产阶级制度，反对资本统治以前，在革命进程迫使他们承认无产阶级是自己的先锋队而靠拢它以前，法国的工人们是不能前进一步，不能丝毫触动资产阶级制度的。工人们只能用惨重的六月失败做代价来换得这个胜利。

由巴黎工人创造出来的卢森堡宫委员会总还算有一个功劳，这就是它从欧洲的一个讲坛上泄露了 19 世纪革命的秘密：

无产阶级的解放。《通报》在不得不正式宣传一些"荒诞呓语"时脸红了，这些"荒诞呓语"原先埋藏在社会主义者的伪经里，只是间或作为一种又可怕又可笑的遥远的奇谈传进资产阶级的耳鼓。欧洲忽然从它那资产阶级的假寐中惊醒了。于是，在把金融贵族和一般资产阶级混为一谈的那些无产者的观念里，在甚至否认有阶级存在或至多也只认为阶级不过是立宪君主制产物的那些共和主义庸人的想象里，在先前被拒于政权之外的那些资产阶级集团伪善的词句里，**资产阶级的统治**已随着共和国的成立而被排除了。这时，一切保皇党人都变成了共和党人，巴黎所有百万富翁都变成了工人。与这种在想象中消灭阶级关系相适应的词句，就是**博爱**——人人都骨肉相连、情同手足。这样和气地抛开阶级矛盾，这样温柔地调和对立的阶级利益，这样想入非非地超越阶级斗争，一句话，博爱——这就是二月革命的真正口号。只是纯粹出于**误会**才造成各阶级的分裂，于是 2 月 24 日拉马丁就把临时政府叫做"消除**各阶级间所存在的可怕误会**的政府"[1]。巴黎无产阶级就沉醉在这种宽大仁慈的博爱气氛中了。

从临时政府这方面来说，它既然被迫宣告共和国成立，那就要尽力使这个共和国能为资产阶级和外省所接受。它以废除政治犯死刑来否定法兰西第一共和国那种血腥恐怖；在报刊上可以自由发表任何观点；军队、法庭、行政，除了少

1　阿·拉马丁《1848 年 2 月 24 日在众议院的演说》，载于 1848 年 2 月 25日《总汇通报》第 56 号。——编者注

数例外，仍然掌握在昔日的达官贵人手中；七月王朝的重大罪犯没有一个受到追究。《国民报》方面的资产阶级共和党人把君主国的名称和衣裳改换成旧共和国的名称和衣裳，借以取乐。对他们来说，共和国只不过是旧资产阶级社会的一件新舞衣罢了。年轻的共和国认为自己建立丰功伟绩的途径不在于去恐吓别人，而在于自己总是诚惶诚恐，依靠自己的柔顺和不对抗的生存方式来谋求生存并消除对抗。它向国内特权阶级和国外专制政权大声宣告，共和国是爱好和平的。自己活，也让别人活——这就是它的座右铭。恰好在这个时候，紧跟着二月革命，德国人、波兰人、奥地利人、匈牙利人和意大利人，各个民族的人都按照自己直接所处的情势起来反抗了。俄国和英国都感到措手不及，后者本身被运动波及，而前者则被运动吓住了。于是，共和国面前一个**民族**敌人也没有了，于是也就没有什么重大的外部纠纷可以激发起活力，加速革命过程，推动临时政府前进或将它抛弃。巴黎无产阶级把共和国看做是自己创造的，自然赞同临时政府所采取的每一个有助于巩固其在资产阶级社会中地位的措施。它心甘情愿地接受科西迪耶尔的委派，去执行警察职务，来保护巴黎的财产，就像它让路易·勃朗去调停工人与雇主关于工资的争议一样。它认为在欧洲面前保全共和国的资产阶级荣誉是它自己的荣誉问题。

共和国不论在国外或国内都没有碰到什么抵抗。这种情况就使它解除了武装。它的任务已不是要用革命手段改造世界，而只是要它自己去适应资产阶级社会的环境。临时政府的**财政措施**最能清楚地表明它是如何狂热地解决这一任务的。

公共信用和**私人信用**自然被动摇了。**公共信用**是以确信国家听凭犹太人金融家剥削为基础的。但是旧的国家已经消失了，而革命反对的首先是金融贵族。最近这次欧洲商业危机的震荡还没有终止。破产还在相继发生。

可见，在二月革命爆发以前，**私人信用**已经瘫痪，流通已经不畅，生产已经停滞。革命危机加剧了商业危机。既然私人信用是以确信在整个资产阶级生产关系范围内的资产阶级生产、资产阶级制度没有受到侵犯并且不可侵犯为基础的，那么这种已经使资产阶级生产的基础，即无产阶级在经济上受奴役的状态受到威胁的革命，以卢森堡宫的斯芬克斯[1]去向交易所对抗的革命，又该产生什么影响呢？无产阶级的起义，就是消灭资产阶级的信用，因为它意味着消灭资产阶级生产及其制度。公共信用和私人信用是表明革命强度的经济温度计。**这种信用降低到什么程度，革命的热度和革命的创造力就增长到什么程度**。

临时政府想要抛掉共和国的反资产阶级外貌。为此首先必须保证这个新国家形式的**交换价值**，保证它在交易所中的**行价**。私人信用必然要跟着共和国在交易所中的行价再度上升。

为了使人不致**怀疑**共和国不愿意或不能够履行它从君主国继承下来的义务，为了使人相信共和国具有资产阶级的道德和偿付能力，临时政府采取了既不体面而又幼稚的虚张声

---

1 指卢森堡官委员会。——编者注

势的手段。法定偿付期限**未到**，临时政府就向国债债权人付清了五厘、四厘五和四厘息国债债券的息金。资本家一看见临时政府这样提心吊胆地急于收买他们的信任，他们那种资产阶级的骄矜自负的态度就立刻恢复了。

自然，临时政府的财政拮据，并没有因它采取这种耗费本身现金储备的矫揉造作办法而有所减轻。财政拮据已不能再掩饰下去了，于是**小资产者**、**仆役和工人**就不得不掏出钱来，为政府赠给国债债权人的这份令人喜出望外的礼物付款。

政府宣布，凡存款在 100 法郎以上的**储蓄银行存折**今后不得提取现款。储蓄银行中的存款被没收了，由政府下令变为不予兑现的国债。这就激起了原已处境困窘的**小资产者**对于共和国的愤恨。小资产者这时所持有的已经不是储蓄银行的存折而是国债券，于是他们就不得不把这种债券拿到交易所去出卖，从而直接听任交易所犹太人的宰割，而他们正是为了反对这些人才进行二月革命的。

银行是七月王朝时期掌握统治权的金融贵族的高教会。正像交易所操纵着国家信用一样，银行操纵着**商业信用**。

二月革命不仅直接威胁银行的统治，而且威胁银行的生存；银行一开始就把不守信用弄成普遍现象，以图使共和国丧失信用。银行突然停止对银行家、工厂主和商人发放信贷。这种手腕既然没有立刻引起反革命，就必然反而使银行本身受到打击。资本家们把他们贮藏在银行地下室里的钱提出来。银行券持有者们都赶到银行出纳处去挤兑金银。

临时政府本来可以不用强力干涉而完全合法地迫使银行

破产，它只要冷眼旁观，让银行听天由命就行了。**银行破产**就会像洪水泛滥一样，转瞬间把金融贵族，这个共和国的最强大最危险的敌人，七月王朝的黄金台柱，从法国土地上扫除干净。银行一旦破产，如果政府建立一个国家银行并把全国信用事业置于国家监督之下，资产阶级自身就只得把这看做是自己在绝境中的一线生机。

但是，临时政府并没有这样去做，反而规定银行券**强制流通**。不仅如此，它还把一切外省银行变成了法兰西银行的分行，使法兰西银行网络遍布法国全境。后来，临时政府又向法兰西银行签约借款，**把国有森林抵押给它作为担保**。于是二月革命就直接地巩固和扩大了它本来应该推翻的银行统治。

同时，临时政府又日益被有增无已的财政赤字压得直不起腰来。它恳求大家为爱国主义作出牺牲，但是毫无用处。只有工人才给它一点施舍。于是它只得采取英勇手段——开征**新税**。然而向谁征税呢？向交易所的豺狼、银行大王、国债债权人、食利者和工业家去征税吗？这不是取得资产阶级对于共和国同情的办法。一方面，这样做意味着危害国家信用和商业信用，而另一方面，人们又力图用很大的牺牲和屈辱去换取这种信用。但是，总得有人从自己腰包里掏出钱来才行。谁来为资产阶级的信用事业作出牺牲呢？是笨伯雅克[1]，**农民**。

临时政府对所有四种直接税每法郎加征四十五生丁附加

---

[1]　笨伯雅克原文是 Jacques le bonhomme，是法国贵族对农民的蔑称。——编者注

税。官方的报刊欺骗巴黎无产阶级，说这项税负主要是落在大地产上，即落在复辟王朝非法攫取的 10 亿巨款占有者的身上。而实际上这项税负首先落在**农民阶级**身上，即落在法国绝大多数人民身上。**农民不得不负担二月革命的费用**，反革命由此就得到了他们的主要物质力量。四十五生丁税，对于法国农民是个生死问题，而法国农民又把它变成了共和国的生死问题。从这时起，法国农民心目中的**共和国**就是**四十五生丁税**，而在他们看来，巴黎无产阶级就是靠他们出钱来享乐的浪费者。

1789 年的革命是从免除农民的封建负担开始的，而 1848 年的革命为了使资本不受到损害并使其国家机器继续运转，首先就对农民加上了一项新税。

临时政府只有用一个方法才能排除这一切困难，并使国家脱离其旧日的轨道，这就是**宣告国家破产**。大家都记得，赖德律－洛兰后来曾向国民议会描述，他如何义愤填膺地驳斥了交易所犹太人、法国现任财政部长富尔德所提出的这种无理要求。其实，富尔德当时劝他接受的是知善恶树上的苹果。

临时政府既然承认旧资产阶级社会发行的要国家负责付款的期票，也就归附了旧资产阶级社会。它不是以一个威风凛凛的债权人身份去向资产阶级社会索取多年的革命旧账，反而成了资产阶级社会的受催逼的债务人。它只得去加固摇摇欲坠的资产阶级社会关系，来履行那些只有在这种社会关系范围内才必须履行的义务。信用已成了它维持生存的必要条件，而它对无产阶级的让步和对无产阶级的许诺，已成了它无论如何都**必须**打破的**桎梏**。工人的解放——即令只是**空话**——也已成了新共和国不堪忍受的危险，因为要求工人解放，就意味着不断反对恢复信用，而这种信用是以坚定不移地、毫不含糊地承认现存的经济的阶级关系为基础的。所以，一定要**把工人清除出去**。

二月革命已把军队逐出巴黎了。国民自卫军，即资产阶级各个阶层的势力，成了唯一的军事力量，但是它觉得自己还不能对付无产阶级。而且，国民自卫军尽管进行了极顽强的抵抗和千方百计的阻挠，也不得不逐渐地、部分地开放自己的队伍，让武装的无产者加入进来。这样一来，就只剩下了一条出路：**使一部分无产者与另一部分无产者相对立**。

为了这个目的，临时政府组织了 24 营**别动队**，每营 1000 人，由 15 岁到 20 岁的青年组成。这些青年大部分属于**流氓无产阶级**，而流氓无产阶级在所有大城市里都是由与工业无产阶级截然不同的一群人构成的。这是盗贼和各式各样罪犯滋生的土壤，是专靠社会餐桌上的残羹剩饭生活的分子、无固定职业的人、游民——gens sans feu et sans aveu；他们依各人所属民族的文化水平不一而有所不同，但是他们都具有拉察罗尼的特点。他们的性格在受临时政府征募的青年时期是极易受人影响的，能够做出轰轰烈烈的英雄业绩和狂热的自我牺牲，也能干出最卑鄙的强盗行径和最龌龊的卖身勾当。临时政府每天给他们 1 法郎 50 生丁，就是说，收买了他们。临时政府给他们穿上特别制服，就是说，使他们在外表上不同于穿工作服的工人。担任他们指挥官的，一部分是政府指派的常备军军官，一部分是他们自己选出的资产阶级年轻子弟，这些人满口要为祖国牺牲和为共和国效忠的高调迷住了他们。

这样，当时与巴黎无产阶级相对立的，就有一支从他们自己当中招募的年轻力壮、好勇斗狠的 24000 人的军队。无产阶级向列队通过巴黎街头的别动队欢呼"**万岁！**"他们把别动队看成是自己在街垒战中的前卫战士。他们认为别动队是同资产阶级的国民自卫军相对立的**无产阶级**自卫军。他们的错误是情有可原的。

除了别动队之外，政府还决定在自己周围募集一支产业工人军队。马利部长把 10 万个因危机和革命而失业的工人编进了所谓国家工场。在这个响亮的名称之下不过是以 23 苏的工资雇用工人去从事枯燥、单调和非生产性的**掘土工作**罢了。国家工场只不过是**露天的英国习艺所**。临时政府以为这样就组建了**第二支反对工人本身的无产者大军**。这一次资产阶级把国家工场看错了，正如工人把别动队看错了一样。它原来是创立了一支**暴动军**。

不过有**一个目的**是达到了。

国家工场——路易·勃朗在卢森堡宫所宣传的那种人民工场就叫这个名字。马利的工场同卢森堡宫的设想完全**相反**，但因为名称相同，就往往给人提供机会，去别有用心地制造误会，就像描写仆人的西班牙喜剧所制造的那种误会一样。临时政府自己暗地里散布谣言，说这些国家工场是路易·勃朗的发明，因为国家工场的预言者路易·勃朗是临时政府中的一员，谣言就更加显得真实了。在巴黎资产阶级半天真半故意地混淆这两种东西的过程中，在法国和欧洲当时受到操纵的舆论中，这些习艺所竟成了实现社会主义的第一步，于是，社会主义就一起被钉在耻辱柱上了。

如果不是就内容来说，而是就名称来说，**国家工场**是无产阶级反对资产阶级工业，反对资产阶级信用和反对资产阶级共和国的具体表现。因此，资产阶级把自己的全部仇恨都倾注在这些国家工场上。同时它认定这些国家工场是它一旦强大到能够跟二月革命的幻想公然决裂时就可以加以打击的对象。**小资产者**也把这些已成为共同攻击对象的国家工场当做发泄自己一切不满和烦恼的目标。他们咬牙切齿地计算着这班无产阶级懒汉耗费的钱财，而他们自己的境况却变得一天比一天艰难。装装样子的工作竟可以获得国家年金，这就叫社会主义！他们这样嘟囔着。他们认为自己境况穷困的原因就在于国家工场，就在于卢森堡宫的浮夸之词，就在于巴黎工人的示威游行。最狂热地反对共产主义者的所谓阴谋诡计的，莫过于这些濒临破产而又毫无得救希望的小资产者了。

这样，在资产阶级与无产阶级之间行将来临的搏斗中，一切优势，一切最重要的阵地，一切中等社会阶层，都掌握在资产阶级手中。而正是在这个时候，二月革命的浪潮又在整个大陆高涨起来了；每一次来的邮件，时而从意大利，时而从德国，时而从最遥远的欧洲东南部地区都传来新的革命消息，不断地给人民带来胜利的证据，使人民普遍地沉浸在欣喜的情绪之中，而实际上他们已经丧失了这种胜利。

三月十七日事件和**四月十六日事件**，是资产阶级共和国内部蕴蓄的伟大阶级斗争的初次交锋。

三月十七日事件表明，无产阶级处于不明朗的局势之中，难以采取任何决定性的行动。无产阶级举行示威游行的最初目的，是要让临时政府回到革命轨道上来，在必要时把资产阶级的阁员清除出去，并且迫使国民议会和国民自卫军的选举延期。但是在 3 月 16 日，由国民自卫军代表的资产阶级举行了反对临时政府的示威游行。他们在"打倒赖德律－洛兰！"的呐喊声中涌向市政厅。这就使人民不得不在 3 月 17 日高呼："赖德律－洛兰万岁！临时政府万岁！"不得不**抗击**资产阶级，以维护他们觉得陷于危急的资产阶级共和国。他们没有使临时政府屈服于自己，反而加固了临时政府的地位。三月十七日事件以一种戏剧性的场面结束了。诚然，巴黎无产阶级在这一天再度显示了自己强大的力量，但这只是加强了临时政府内外的资产阶级击破无产阶级的决心。

四月十六日事件是临时政府串通资产阶级制造的一个**误会**。当时许多工人聚集在马尔斯广场和跑马场上，以便筹备国民自卫军总部的选举事宜。突然有一个谣言迅速传遍巴黎全城各处，说在马尔斯广场上工人在路易·勃朗、布朗基、卡贝和拉斯拜尔领导下武装集合，打算从那里向市政厅进发，推翻临时政府，宣布成立共产主义政府。立刻就有人发出全体紧急集合警报——后来赖德律－洛兰、马拉斯特和拉马丁三人竞相表白，说首先发出警报的殊荣归于自己——，于是一小时以后就有 10 万人荷枪待发，市政厅的所有入口都被国民自卫军占据了，"打倒共产主义者！打倒路易·勃朗、布朗基、拉斯拜尔和卡贝！"的口号响彻巴黎全城，无数的代表团跑来向临时政府表示效忠，所有的人都准备拯救祖国和社会。最后，当工人们来到市政厅前面，正要把他们在马尔斯广场上募集的爱国捐款献给临时政府的时候，他们才惊悉，原来资产阶级的巴黎刚才在周密筹划的虚假战斗中战胜了他们的影子。4 月 16 日的这场可怕的乱子，便成了**把军队召回巴黎**（这出拙劣喜剧的真正目的原在于此），并在外省各处举行反动的联邦主义示威游行的借口。

5 月 4 日，由**直接普选**产生的**国民议会**[1] 开会了。普选权并不具备旧派共和党人所寄托于它的那种魔力。旧派共和党人把全体法国人，或至少是把大多数法国人看做具有同一利益和同一观点等等的**公民**。这就是他们那种**人民崇拜**。但是，选举所表明的并不是他们**意想中**的人民，而是**真实的**人民，即分裂成各个不同阶级的代表。我们已经看到，农民和小资产者在选举中为什么必定由好斗的资产阶级和渴望复辟的大土地所有者来统辖。然而，普选权虽不是共和主义庸人所想象的那种法力无边的魔杖，却具有另一种高超无比的功绩；它发动阶级斗争，使资产阶级社会各中间阶层迅速地产生幻想又迅速地陷入失望；它一下子就把剥削阶级所有集团提到国家高层，从而揭去他们骗人的假面具，而有选举资格限制

1　从本页到第 251 页，国民议会是指 1848 年 5 月 4 日—1849 年 5 月的制宪国民议会（制宪议会）。——编者注

的君主制度则只是让资产阶级中的某些集团丧失声誉，使其余的集团得以隐藏在幕后并且罩上共同反对派的神圣光环。

在 5 月 4 日开幕的制宪国民议会中，占压倒优势的是**资产阶级共和派**，《国民报》的共和派。正统派和奥尔良派本身起初也只有戴着资产阶级共和主义假面具才敢出头露面。只有借共和国名义，才能发动斗争反对无产阶级。

共和国，即法国人民所承认的共和国开始存在的时期，**应该是从 5 月 4 日算起，而不是从 2 月 25 日算起**；这不是巴黎无产阶级强令临时政府接受的那个共和国，不是设有社会机构的那个共和国，不是在街垒战士眼前浮现过的那个幻象。国民议会所宣告成立的、唯一合法的共和国，不是一种反对资产阶级制度的革命武器，而是在政治上对它实行的改造，是在政治上对资产阶级社会的重新加固，简言之，就是**资产阶级共和国**。这种论断是从国民议会的讲坛上发出的，并且在一切共和派的和反共和派的资产阶级报刊中得到了响应。

我们已经看到：二月共和国在事实上不过是，而且也只能是一个**资产阶级**共和国，但是临时政府在无产阶级的直接压力下，不得不宣布它是一个**设有社会机构的共和国**；巴黎无产阶级还只能在**观念**中、在**想象**中越出资产阶级共和国的范围，而当需要行动的时候，他们的活动却处处都为资产阶级共和国效劳；许给无产阶级的那些诺言已成了新共和国所不堪忍受的威胁，临时政府的整个存在过程可以归结为一场反对无产阶级要求的、持续不断的斗争。

整个法国在国民议会里对巴黎无产阶级进行审判。国民议会立即与二月革命的一切社会幻想实行了决裂，公然宣布了**资产阶级共和国**，纯粹的资产阶级共和国。它立即从自己所任命的执行委员会中排除了无产阶级的代表——路易·勃朗和阿尔伯；它否决了设立专门劳动部的提案，并且以暴风雨般的欢呼声同意了特雷拉部长所作的声明："现在的问题只是**要劳动恢复原状**。"

然而还不止这些。二月共和国是工人在资产阶级消极支持下争得的。无产者理所当然地认为自己是二月斗争中的胜利者，并提出胜利者的高傲要求。必须在巷战中战胜这些无产者，一定要让他们明白，如果他们在斗争中不是**联合**资产阶级而是**反对**资产阶级，他们就注定要失败。先前，为了建立一个对社会主义作出让步的二月共和国，曾经需要无产阶级联合资产阶级向王权进行战斗；现在，为了使共和国摆脱它向社会主义作出的让步，为了正式确立**资产阶级共和国**的统治，已需要再来一场战斗了。资产阶级一定要用手中的武器来反对无产阶级的要求。资产阶级共和国的真正出生地并不是**二月胜利**，而是**六月失败**。

无产阶级加速了决战的到来：它在5月15日涌入了国民议会，徒然地试图恢复自己的革命威望，结果只是使自己有能力的领袖落到了资产阶级狱吏手中。*Il faut en finir*！这种局面必须结束！这个呼声表明了国民议会决心迫使无产阶级进行决战。执行委员会颁布了许多挑衅性的法令，如禁止民众集会等等。从制宪国民议会的讲坛上直接向工人发出挑衅，辱骂和嘲弄工人。但是，我们已经看到，真正的攻击对象，还是**国家工场**。制宪议会命令执行委员会对付这些国家工场，而执行委员会本来就只等国民议会用命令方式批准它自己既定的计划。

执行委员会开始阻挠工人进入国家工场，把计日工资改成了计件工资，并把一切不是在巴黎出生的工人赶到索洛涅，说是让他们去做掘土工作。而所谓掘土工作，正如从那里失望归来的工人向同行工友们所说的那样，不过是用来掩饰驱逐工人这一行动的花言巧语罢了。最后，6 月 21 日，《通报》上登载了一项法令，命令把一切未婚工人强制逐出国家工场，或者编入军队。

工人们没有选择的余地：不是饿死，就是斗争。他们在 6 月 22 日以大规模的起义作了回答——这是分裂现代社会的两个阶级之间的第一次大规模的战斗。这是保存还是消灭**资产阶级**制度的斗争。蒙在共和国头上的面纱被撕破了。

大家知道，那些没有领袖、没有统一计划、没有经费和多半没有武器的工人，是如何以无比的勇敢和机智扼制了军队、别动队、巴黎国民自卫军以及从外省开来的国民自卫军，一直坚持了五天。大家知道，资产阶级为自己所经受的死亡恐怖进行了闻所未闻的残酷报复，残杀了 3000 多名俘虏。

法国民主派的正式代表人物受共和主义意识形态影响太深，以致在六月战斗已经过去了几星期，才开始觉察到这次战斗的意义。他们简直被冲散他们共和国幻觉的硝烟熏得头昏眼花。

请读者允许我们用《新莱茵报》中的一段话来表达六月

失败的消息给我们的直接印象：

"二月革命的最后正式残余物——执行委员会——已像幻影一样在严重事变的面前消散了；拉马丁的照明弹变成了卡芬雅克的燃烧弹。博爱，一方剥削另一方的那些互相对立的阶级之间的那种博爱；博爱，在2月间宣告的、用大号字母写在巴黎的正面墙上、写在每所监狱上面、写在每所营房上面的那种博爱，用真实的、不加粉饰的、平铺直叙的话来表达，就是**内战**，就是最可怕的国内战争——劳动与资本间的战争。在6月25日晚间，当资产阶级的巴黎张灯结彩，而无产阶级的巴黎在燃烧、在流血、在呻吟的时候，这个博爱便在巴黎所有窗户前面烧毁了。博爱存在的那段时间正好是资产阶级利益和无产阶级利益友爱共处的时候。

拘守1793年旧的革命传统的人，社会主义的空论家，他们曾为人民向资产阶级乞怜，并且被允许长时间地说教和同样长时间地丢丑，直到把无产阶级的狮子催眠入睡为止；共和党人，他们要求实行整套旧的、不过没有君主的资产阶级制度；王朝反对派，他们从事变中得到的不是内阁的更换，而是王朝的崩溃；正统派，他们不是想脱去奴仆的服装，而是仅仅想改变一下这种服装的式样。所有这些人物就是人民在实现自己的二月革命时的同盟者……

二月革命是一场**漂亮的**革命，得到普遍同情的革命，因为在这场反对王权的革命中显现出来的各种矛盾还在**尚未充分发展的状态**中和睦地安睡在一起，因为构成这些矛盾背景的社会斗争还只是一种隐约的存在，还只是口头上和字面上的存在。相反，**六月革命**则是一场**丑恶的**革命，令人讨厌的革命，因为这时行动已经代替了言辞，因为这时共和国已经摘掉了保护和掩饰过凶恶怪物的王冠，暴露出这个凶恶怪物的脑袋。**秩序！**——这是基佐的战斗呐喊。**秩序！**——基佐的信徒塞巴斯蒂亚尼曾在俄军攻下华沙时这样高喊。**秩序！**——法国国民议会和共和派资产阶级的粗野的应声虫卡芬雅克这样高喊。**秩序！**——他所发射的霰弹在炸开无产阶级的躯体时这样轰鸣。1789 年以来的许多次法国资产阶级革命，没有一次曾侵犯过**秩序**，因为所有这些革命都保持了阶级统治和对工人的奴役，保持了**资产阶级**秩序，尽管这种统治和这种奴役的政治形式时常有所改变。六月革命侵犯了这个秩序。六月革命罪该万死！"[1]（1848 年 6 月 29 日《新莱茵报》）

六月革命罪该万死！——欧洲各处响应道。

巴黎无产阶级在资产阶级**逼迫**下发动了六月起义。单是这一点已注定无产阶级要失败。既不是直接的、公开承认的要求驱使无产阶级想用武力推翻资产阶级；也不是无产阶级已经到了有能力解决这个任务的地步。《通报》只得正式向无产阶级挑明，共和国认为有必要对它的幻想表示尊重的时代已经过去了，并且只有它的失败才使它确信这样一条真理：它要在资产阶级共和国**范围内**稍微改善一下自己的处境只是一种**空想**，这种空想只要企图加以实现，就会成为罪行。于是，

---

1 参看马克思《六月革命》，《马克思恩格斯全集》中文第 1 版第 5 卷第 153—157 页。——编者注

原先无产阶级想要强迫二月共和国予以满足的那些要求，那些形式上浮夸而实质上琐碎的、甚至还带有资产阶级性质的要求，就由一个大胆的革命战斗口号取而代之，这个口号就是：**推翻资产阶级！工人阶级专政！**

无产阶级既然将自己的葬身地变成了**资产阶级共和国**的诞生地，也就迫使资产阶级共和国现了原形：原来这个国家公开承认的目的就是使资本的统治和对劳动的奴役永世长存。已经摆脱了一切桎梏的资产阶级统治，由于眼前总是站立着一个遍体鳞伤、决不妥协与不可战胜的敌人——其所以不可战胜，是因为它的存在就是资产阶级自身生存的条件——就必定要立刻变成**资产阶级恐怖**。在无产阶级暂时被挤出舞台而资产阶级专政已被正式承认之后，资产阶级社会的中间阶层，即小资产阶级和农民阶级，就必定要随着他们境况的恶化以及他们与资产阶级对抗的尖锐化而越来越紧密地靠拢无产阶级。正如他们从前曾认为他们的灾难是由于无产阶级的崛起一样，现在则认为是由于无产阶级的失败。

如果说六月起义在大陆各处都加强了资产阶级的自信心，并且促使它公开与封建王权结成联盟来反对人民，那么究竟谁是这个联盟的第一个牺牲品呢？是大陆的资产阶级自身。六月失败阻碍了它巩固自己的统治，阻碍了它使人民在半满意和半失望中停留于资产阶级革命的最低阶段上。

最后，六月失败使欧洲各个专制国家识破了一个秘密，即法国为了能在国内进行内战，无论如何都必须对外保持和平。这就把已经开始争取民族独立的各国人民置于俄国、奥地利和普鲁士的强权之下，但同时这些国家的民族革命的成败也就要依无产阶级革命的成败而定，它们那种表面上不依社会大变革为转移的独立自主性就消失了。只要工人还是奴隶，匈牙利人、波兰人或意大利人都不会获得自由！

最后，神圣同盟的胜利使欧洲的局面发生了变化，只要法国发生任何一次新的无产阶级起义，都必然会引起**世界战争**。新的法国革命将被迫立刻越出本国范围去**夺取欧洲的地区**，因为只有在这里才能够实现 19 世纪的社会革命。

总之，只有六月失败才造成了所有那些使法国能够发挥欧洲革命**首倡作用**的条件。只有浸过了六月起义者的**鲜血**之后，三色旗才变成了欧洲革命的旗帜——**红旗**！

因此我们高呼：**革命死了！——革命万岁！**

二

1849 年 6 月 13 日

1848 年 2 月 25 日法国被迫实行**共和制**，6 月 25 日革命被强加给法国。在 6 月以后，革命意味着**推翻资产阶级社会**，而在 2 月以前，它却意味着**推翻一种国家形式**。

六月斗争是资产阶级**共和派**领导的，斗争胜利了，政权当然归他们。戒严使手足被缚的巴黎毫无抵抗地倒在他们脚下，而在外省，则到处笼罩着精神上的戒严气氛，获胜的资产者盛气凌人、飞扬跋扈，农民则肆无忌惮地表现出对财产的狂热情绪。因此，**在下层**已经没有任何威胁了！

　　与工人的革命力量被消灭的同时，**民主主义共和派**即具有**小资产阶级**思想的共和派的政治影响也被消灭了，他们的代表者在执行委员会中是赖德律－洛兰，在制宪国民议会中是山岳党，在新闻出版界是《改革报》。他们同资产阶级共和派一起在 4 月 16 日搞过反对无产阶级的阴谋，同这些人一起在六月事变时攻打过无产阶级。这样，他们就自己破坏了他们那一派赖以成为一股力量的背景，因为小资产阶级只有以无产阶级为后盾，才能保持住自己反对资产阶级的革命阵地。他们被踢开了。资产阶级共和派公然破坏了自己在临时政府和执行委员会时期勉强地而且是满腹鬼胎地跟他们结成的虚假同盟。民主主义共和派作为同盟者已被轻蔑地抛弃，堕落成了三色旗派的仆从，他们不可能迫使三色旗派作出任何让步，但是每当三色旗派的统治以及整个共和国看来受到反对共和的资产阶级集团的威胁时，他们就必定要维护这个统治。最后，这些集团，即奥尔良派和正统派，一开始就在制宪国民议会中占少数。在六月事变以前，他们自己只有戴上资产阶级共和主义假面具才敢出头露面；六月胜利使整个资产阶级法国一度把卡芬雅克当成自己的救星来欢迎，而当反共和派在六月事变后不久重新取得独立地位时，军事专政和巴黎戒严只容许这一派非常畏缩谨慎地伸出自己的触角。

　　自 1830 年起，**资产阶级共和派**以他们的著作家、他们的代言人、他们的专门人才、他们的野心家、他们的议员、将军、银行家和律师为代表，聚集在巴黎的一家报纸即《**国民报**》的周围。在外省，《国民报》设有自己的分社。《国民报》

派是**三色旗共和国的王朝**。他们立刻就占据了一切官职——内阁各部、警察总局和邮政总局的职位，以及地方行政长官的职位和军队高级军官的空缺。他们的将军**卡芬雅克**执掌着行政权，他们的总编辑马拉斯特成了制宪国民议会常任议长。同时，他又以司礼官的身份在自己的沙龙中接待正直的共和国的宾客。

甚至那些革命的法国著作家，也由于对共和主义传统怀着某种敬畏而抱着错误见解，以为在制宪国民议会中是保皇党人占统治地位。恰恰相反，在六月事变之后，制宪议会仍**然完全是资产阶级共和主义的代表者**，而且，三色旗共和派在议会外的影响越是丧失殆尽，制宪议会就越是坚决地摆出这副面孔。在需要捍卫资产阶级共和国的**形式**时，制宪议会就拥有民主主义共和派的支持票；在需要捍卫这个共和国的**内容**时，制宪议会甚至连讲话的方式也与资产阶级保皇集团如出一辙了，因为构成资产阶级共和国内容的正是资产阶级的利益，正是它的阶级统治和阶级剥削的物质条件。

由此可见，这个制宪议会的生命和活动不是体现了保皇主义，而是体现了资产阶级的共和主义，它归根到底不是死去了，也不是被杀害了，而是腐烂了。

……

但是，资产阶级共和派在急忙给旧日的资产阶级关系恢复旧日的保障，并消除革命浪潮所遗留下来的一切痕迹时，却遇到了一种使他们遭受意外危险的反抗。

在六月事变中，最狂热地为拯救财产和恢复信用而奋斗的，莫过于巴黎的小资产者——开咖啡店的、开餐馆的、开酒店的、小商人、小店主、小手工作坊主等等。小店主们奋起向街垒进攻，以求恢复从街头到小店去的通路。但是，街垒后面站着小店主们的顾客和债务人，街垒前面站着他们的债权人。而当街垒被摧毁，工人被击溃，小店主们在胜利的陶醉中奔回自己店里的时候，发觉店门已被财产的救主即信用的正式代理人堵住了，这位代理人拿着威胁性的通知单迎接他们：票据过期了！房租过期了！债票过期了！小店铺垮了！小店主垮了！

拯救财产！但是，他们所居住的房屋不是他们的财产；他们做生意的店铺不是他们的财产；他们所出卖的商品不是他们的财产。无论是他们的店铺，或是他们吃饭用的盘子，或是他们睡觉用的床铺，都已不再归他们所有了。正是为了对付他们，人们才需要**去拯救这种财产**，这样做的是那些将房屋租给他们住的房东，为的是那些为他们贴现票据的银行家，为的是那些贷给他们现金的资本家，为的是那些把商品信托给小店主们出卖的工厂主，为的是那些把原料赊卖给小手工作坊主的批发商。**恢复信用**！但是，重新变得稳定的信用已表明自己是一个充满活力而又十分干练的神，它把无力支付的债务人连同其妻子儿女一起逐出了住所，把他的虚幻的财产交给了资本，而把他本人抛进了在六月起义者尸体上重又威风凛凛地耸立起来的债务监狱。

小资产者惊愕地认识到，他们击溃了工人，就使自己毫无抵抗地陷入了债权人的掌握之中。他们从 2 月起就像慢性病一样拖延下来的、似乎没有人去注意的破产，在 6 月以后被正式宣告了。

……

小资产者面对着复活的六月幽灵战栗了起来，而国民议会又板起了面孔。债权人和债务人的 concordats à l'amiable——友好协议——中最重要的条款遭到了否决。

可见，在国民议会中，资产阶级的共和派代表早已把小资产者的民主派代表压了下去，这种议会范围内的分裂使资产阶级获得了现实的经济利益，因为小资产者作为债务人被交给资产者这个债权人去摆布了。这些债务人当中有一大部分已经完全破产，其余的人则只许在完全成为资本奴隶的条件下继续经营自己的业务。1848 年 8 月 22 日，国民议会否决了友好协议，而 1848 年 9 月 19 日，即在戒严期间，路易·波拿巴亲王和囚禁在万塞讷监狱的共产主义者拉斯拜尔当选为巴黎的代表。资产阶级则选举了犹太汇兑业者和奥尔良党人富尔德。这样，各方面都同时向制宪国民议会，向资产阶级共和主义和卡芬雅克公开宣战了。

不言而喻，巴黎小资产者大批破产造成的后果势必远远超出直接受害者的范围而持续发生作用，因而势必再次破坏资产阶级的交易，同时因六月起义造成的耗费加大了国家的赤字，而国家财政收入则因生产停滞、消费紧缩和输入减少而持续下降。卡芬雅克和国民议会别无他法，只好靠发行新公债寻找出路，而新公债又使他们更加受到金融贵族的束缚。

小资产者得到的六月胜利果实是破产和清账，而卡芬雅

克的鹰犬即**别动队**得到的酬劳则是娼妇们温情的拥抱，社会
的这些"年轻的救主们"在马拉斯特——同时扮演正直的共
和国东道主和行吟诗人角色的三色旗骑士——的沙龙里备受
欢迎。但是，别动队这样受到社会优待，领取过高的薪俸，
却使**军队**感到恼怒；同时，资产阶级共和主义在路易－菲力
浦统治时期通过自己的报纸《国民报》用以争取一部分军队
和农民阶级的一切民族幻想，却已经消失了。卡芬雅克和国
民议会在**北意大利**充当调停者，以便伙同英国把它出卖给奥
地利，仅仅这么一天的政绩就把《国民报》派 18 年来扮演反
对派所得的成果化为乌有。再也没有哪一个政府比《国民报》
派政府更缺乏民族气质了；再也没有哪一个政府像它这样依
赖英国，而《国民报》派在路易－菲力浦统治时期原是每天
都靠搬用卡托的"迦太基必须被消灭"[1]这句话过日子的；再
也没有哪一个政府像它这样屈从于神圣同盟，而《国民报》
派原是要求基佐那样一个人撕毁维也纳条约的。历史的讽刺
竟使《国民报》的前外事编辑巴斯蒂德当上了法国外交部长，
让他以自己的每一件公文来驳斥自己的每一篇论文。

　　军队和农民阶级曾一度相信，有了军事专政，同时就会
把对外战争和"荣誉"提到法国的日程上来。可是，卡芬雅
克不是对资产阶级社会实行军刀专政，而是靠军刀实行资产
阶级专政。这个专政现在需要的士兵只是宪兵。卡芬雅克在
恪守古希腊罗马共和主义的忍让精神的严肃面具下隐藏着这

---

[1]　卡托通常在元老院中结束演讲时所惯用的一句话。——编者注

样一个真相：他鄙俗地服从于为了资产阶级的官位而必须接受的屈辱条件。L'argent n'a pas de maître！金钱无主人！卡芬雅克也像制宪议会那样把第三等级的这句老格言理想化了，把它译成了如下的政治语言：资产阶级无国王，资产阶级统治的真正形式是共和国。

制宪国民议会的"伟大的根本性工作"就是造出这个**形式**，拟定共和**宪法**。正如把基督教历改名为共和历，把圣巴托洛缪节改名为圣罗伯斯比尔节不会使天气有什么改变一样，这部宪法没有并且也不能使资产阶级社会有什么改变。凡是宪法超出了**改换服装**的范围的地方，它就把**已经存在的**事实记录下来。于是，它隆重地登记了共和国的事实，普选权的事实，由单一全权国民议会代替两个权力有限的立宪议院的事实。于是，它把固定不变的、无责任的、世袭的王权改成了可变更的、有责任的、由选举产生的王权，即改成了任期四年的总统制，从而登记了并且法定了卡芬雅克专政的事实。于是，它把国民议会在受过 5 月 15 日和 6 月 25 日的惊吓后为保证自身安全而预先赋予议长的非常权力，提高成了根本法。宪法里其余的东西都是在术语上做文章。从旧君主国的机器上撕掉保皇主义的标签而贴上了共和主义的标签。原任《国民报》总编辑、现任宪法总编辑的马拉斯特，不无才华地完成了这项学院式的任务。

制宪议会好像那个智利官吏，当地下的轰鸣已经预告火山即将喷发而必定会把他脚下的土地冲走的时候，他还准备通过土地丈量来更精确地划定地产的边界。当制宪议会在理论上雕琢资产阶级统治的共和主义形式的时候，它在实际上却是专靠否定一切常规、使用赤裸裸的暴力、宣布**戒严**来维持的。它在开始制定宪法的前两天，宣布延长戒严期。从前，通常是社会变革的过程达到一个停顿点，新形成的阶级关系已经固定，统治阶级内部斗争的各派彼此已经求得一种妥协，使它们相互间可以继续进行斗争而同时把疲惫的人民群众排除于斗争之外的时候，才制定和通过宪法。与此相反，这次的宪法却不是批准了什么社会革命，而是批准了旧社会对于革命的暂时胜利。

在六月事变以前制定的最初宪法草案中，还提到了 "*droit au travail*"，即劳动权这个初次概括无产阶级各种革命要求的笨拙公式。现在劳动权换成了 *droit à l'assistance*，即享受社会救济权，而哪一个现代国家不是这样或那样地养活着自己的穷人呢？劳动权在资产阶级的意义上是一种胡说，是一种可怜的善良愿望，其实劳动权就是支配资本的权力，支配资本的权力就是占有生产资料，使生产资料受联合起来的工人阶级支配，也就是消灭雇佣劳动、资本及其相互间的关系。"**劳动权**"是以六月起义为后盾的。制宪议会既然已在事实上把革命无产阶级置于 hors la loi——法律之外，也就势必要在原则上把**它的**公式从宪法——法律的准绳——中删去，把"劳动权"斥为异端。但制宪议会并不到此为止。正如柏拉图把诗人逐出了自己的共和国一样，制宪议会把**累进税**永远逐出了自己的共和国。其实累进税不仅是在现存生产关系范围内或多或少可行的一种资产阶级的措施，并且是唯一能使资产阶级社会各中间阶层依附"正直的"共和国，减少国家债务并抵制资产阶级中反共和主义多数派的手段。

在友好协议问题上，三色旗共和派实际上是为大资产阶级的利益而牺牲了小资产阶级。他们用立法方式禁止征收累进税，就把这件个别事实提高成为一个原则。他们把资产阶级改良跟无产阶级革命同等看待。那么，还有哪个阶级留下来做他们共和国的支柱呢？大资产阶级。而大资产阶级中的多数是反对共和的。如果说他们利用了《国民报》的共和派来重新巩固经济生活中的旧关系，那么，在另一方面，他们则打算利用重新巩固起来的旧社会关系来恢复那些与它相适应的政治形式。早在 10 月初，卡芬雅克就已经不得不任命路易 – 菲力浦时期的大臣杜弗尔和维维安做共和国的部长，而不顾他自己党内愚蠢的清教徒们拼命叫喊表示反对。

三色旗宪法拒绝对小资产阶级作任何妥协，也没有能吸引任何新的社会成分来归附新的国家形式，却又匆忙恢复了最顽强、最狂热地拥护旧国家的那个集团历来享受的不可侵犯的权利。它把临时政府企图否定的**法官终身制**提高成为根本法。于是，它所罢黜的**一个**国王，就在这种裁定合法性的终身任职的宗教裁判官身上大量地复活了。

法国报刊多方面揭示了马拉斯特先生的宪法中所包含的矛盾，如一国二主——国民议会和总统——同时并存等等，等等。

但是，这部宪法的主要矛盾在于：它通过普选权赋予政治权力的那些阶级，即无产阶级、农民阶级和小资产者，正是它要永远保持其社会奴役地位的阶级。而它认可其旧有社会权力的那个阶级，即资产阶级，却被它剥夺了这种权力的政治保证。资产阶级的政治统治被宪法硬塞进民主主义的框子里，而这个框子时时刻刻都在帮助敌对阶级取得胜利，并危及资产阶级社会的基础本身。宪法要求一方不要从政治的解放前进到社会的解放，要求另一方不要从社会的复辟后退到政治的复辟。

资产阶级共和派不大理会这些矛盾。既然他们已经不再是**必不可少的人物**——他们只有在充当旧社会反对革命无产阶级的急先锋时才是必不可少的人物，他们在胜利后几个星期就从一个**政党**降为一个**派别**了。宪法在他们眼中是一个大**阴谋**。他们认为宪法首先应该确定他们那个派别的统治，总统应该由卡芬雅克继续充任，立法议会应该是制宪议会的延续。他们希望能把人民群众的政治权力降低为一种有名无实的权力，同时又充分玩弄这种权力，借以威胁资产阶级中的多数，让他们时时面对六月事变时期的那种两难选择：或者是**《国民报》派的天下**，或者是**无政府状态的天下**。

9 月 4 日开始的制宪工作在 10 月 23 日结束了。9 月 2 日制宪议会就已经决定，在颁布补充宪法的基本法律以前不宣布解散。然而它却决定在 12 月 10 日，即在它自己的活动终结以前很久，就要使它特有的产儿即总统出世。它确信宪法造就的人物一定不愧为其母亲的儿子。为了慎重起见，当时决定如果候选人中没有一人获得 200 万选票，则总统就不再由国民选举，而由制宪议会选举。

真是枉费心机！宪法实施的第一天就是制宪议会统治的最后一天。在投票箱的底层放着的原来是制宪议会的死刑判决书。它寻找"母亲的儿子"，但找到的是"伯父的侄子"。扫罗－卡芬雅克获得 100 万选票，而大卫－拿破仑却获得了600 万选票，是扫罗－卡芬雅克的六倍。

1848 年 12 月 10 日是**农民起义**的日子。只是从这一天起，才开始了法国农民的二月。这种表示他们投入革命运动的象征既笨拙又狡猾、既奸诈又天真、既愚蠢又精明，是经过权衡的迷信，是打动人心的滑稽剧，是荒诞绝顶的时代错乱，是世界历史的嘲弄，是文明人的头脑难以理解的象形文字——这一象征显然带有代表着文明内部的野蛮的那个阶级的印记。共和国通过**收税人**向这个阶级表明自己的存在，而这个阶级则通过**皇帝**向共和国表明自己的存在。拿破仑是最充分地代表了 1789 年新形成的农民阶级的利益和幻想的唯一人物。农民阶级把他的名字写在共和国的门面上，就是对外宣布战争，对内宣布谋取自己的阶级利益。拿破仑在农民眼中不是一个人物，而是一个纲领。他们举着旗帜，奏着乐曲走向投票站，高呼："Plus d'impôts, à bas les riches, à bas la république, vive l'Empereur!"——取消捐税，打倒富人，打倒共和国，皇帝万岁！"隐藏在皇帝背后的是农民战争。由他们投票推翻的共和国是**富人共和国**。

12 月 10 日的事变是农民推翻现政府的政变。自从他们取消法国的一个政府而给了它另一个政府的那一天起，他们就目不转睛地盯着巴黎。他们在一瞬间扮演了革命剧中的活跃的主角，别人就再也无法强迫他们重新回到合唱队的无所作为的、唯命是从的角色中去了。

其余各阶级帮助完成了农民的选举胜利。对**无产阶级**来说，选举拿破仑就意味着撤换卡芬雅克和推翻制宪议会，意味着取消资产阶级共和主义，意味着宣布六月胜利无效。对**小资产阶级**来说，拿破仑意味着债务人对债权人的统治。对于**大资产阶级**中的多数来说，选举拿破仑意味着跟他们曾不得不暂时利用来对付革命的那个集团公开决裂，一旦这个集团想把暂时性的地位作为宪法认可的地位固定下来，他们就感到不能容忍了。拿破仑代替卡芬雅克，这对大资产阶级中的多数来说是君主国代替共和国，是王朝复辟的开端，是向奥尔良派羞答答地示意，是隐藏在紫罗兰当中的百合花。最后，**军队**投票选举拿破仑，就是投票反对别动队，反对和平牧歌而拥护战争。

这样，正如《新莱茵报》所说的，法国一个最平庸的人获得了最多方面的意义。正因为他无足轻重，所以他能表明一切，只是不表明他自己。虽然拿破仑的名字在各个不同阶级的口中可以有不同的意义，但是各个阶级都在自己的选票上把以下口号同这个名字写在一起："打倒《国民报》派，打倒卡芬雅克，打倒制宪议会，打倒资产阶级共和国！"杜弗尔部长曾在制宪议会中公开声明了这一点："12 月 10 日乃是第二个 2 月 24 日。"

小资产阶级和无产阶级一致投票**拥护**拿破仑，是为了**反对**卡芬雅克，并且用集中选票的办法剥夺制宪议会的最后决定权。可是，这两个阶级的最先进部分却提出了自己的候选人。拿破仑是联合起来反对资产阶级共和国的一切派别的**集合名词**，赖德律－洛兰和拉斯拜尔则是**专有名词**，前者是民主派小资产阶级的专有名词，后者是革命无产阶级的专有名词。无产者及其社会主义代言人大声宣称投拉斯拜尔的票，完全是一种示威；这既是表示反对任何总统制，即反对宪法本身的一种抗议，同时又是对赖德律－洛兰投的反对票；这是无产阶级作为一个独立政党脱离了民主派的第一次行动。相反，后一派，即民主派小资产阶级及其在议会中的代表——山岳党在提名赖德律－洛兰为候选人时倒是一本正经的，这是它在愚弄自己时的一种庄严的习惯。而且，这也是它想作为与无产阶级对峙的独立派别出现的最后一次尝试。不仅共和派资产阶级的派别，而且还有民主派小资产阶级及其山岳党，都在 12 月 10 日被击败了。

……

三
1849 年六月十三日事件的后果

……

制宪议会为了发泄对自己的继承人的仇恨，废除了 1850 年度的葡萄酒税。旧税既已废除，新债就无法偿付了。秩序党中的一位白痴**克雷通**还在立法议会休会以前，就提议要保留葡萄酒税。富尔德以波拿巴派内阁的名义采纳了这个提议，而在 1849 年 12 月 20 日，即波拿巴宣布总统就职一周年纪念日，国民议会颁令**恢复葡萄酒税**。

竭力为这次恢复葡萄酒税作辩护的不是一位金融家，而是耶稣会首领**蒙塔朗贝尔**。他的论据简单明了：赋税，这是喂养政府的母乳；政府，这是镇压的工具，是权威的机关，是军队，是警察，是官吏、法官和部长，是**教士**。攻击赋税，就是无政府主义者攻击秩序卫士，而秩序卫士是保卫资产阶级社会的物质生产和精神生产不受无产阶级野蛮人侵犯的。赋税，这是与财产、家庭、秩序和宗教相并列的第五位天神。而葡萄酒税无疑是一种赋税，并且不是一种寻常的赋税，而是一种由来已久的、浸透君主主义精神的、可敬的赋税。葡萄酒税万岁！万岁，万岁，万万岁！

法国农民想象魔鬼的时候，就把他想象成税吏。自从蒙塔朗贝尔把赋税尊崇为天神的时候起，农民就变成不信神的人，变成无神论者，并投到魔鬼即**社会主义**怀抱里去了。秩序的宗教轻率地失去了农民，耶稣会轻率地失去了农民，波拿巴轻率地失去了农民。1849 年 12 月 20 日不可挽回地断送了 1848 年 12 月 20 日的名声。"伯父的侄子"并不是他的家族中受葡萄酒税，即受蒙塔朗贝尔所说的预示着革命风暴的赋税之害的第一个人。真正的伟大的拿破仑在圣赫勒拿岛上曾经说过，恢复葡萄酒税是使他垮台的最大原因，因为这使法国南部的农民脱离了他。这项赋税在路易十四统治时期就已经是人民憎恨的主要对象了（见布阿吉尔贝尔和沃邦两人的著作[1]）。第一次革命废除了它，而拿破仑在 1808 年又把它改头换面重新施行起来。当复辟王朝进入法国时，为它开路的不仅有哥萨克骑兵，而且有废除葡萄酒税的诺言。当然，贵族阶级是不一定要履行他们对必须无条件纳税的人民许下的诺言的。1830 年答应了废除葡萄酒税，可是根本没有行其所言和言其所行。1848 年答应废除葡萄酒税，也如它答应了其他一切一样。最后，什么都没有答应过的制宪议会，如我们已经说过的，在自己的遗嘱中规定从 1850 年 1 月 1 日起废除葡萄酒税。但是恰巧在 1850 年 1 月 1 日前 10 天，立法议会又重新实行了葡萄酒税。这样，法国人民一个劲地驱逐这项赋税，但是刚把它从门口赶了出去，又看见它从窗口飞了进来。

人民普遍憎恨葡萄酒税，不是没有原因的：这项赋税集中了法国赋税制度的一切可憎之处。它的征收方式是可憎的，分摊方法是贵族式的，因为最普通的酒和最名贵的酒的税率全都一样。因此，消费者的财富越少，税额越是按几何级数增加；这是倒过来的累进税。它是对于伪造和仿造酒品的奖励，因而使劳动阶级直接受到毒害。这项赋税使人口在 4000 人以上的城镇都在城门口设立税卡，使每一个城镇都变成以保护关税抵制法国酒的异邦，这样就减少了酒的消费额。大酒商，尤其是那些全靠卖酒为生的小酒商，所谓 marchands de vins，

1　皮·布阿吉尔贝尔：《法国详情》、《法兰西辩护书》、《论财富、货币和赋税的性质》，载于《18 世纪的财政经济学家》，欧·德尔编，1843 年巴黎版；塞·沃邦：《王国什一税》，1708 年巴黎版。——编者注

即酒店老板，都是葡萄酒税的死敌。最后，葡萄酒税使消费量减少，从而使产品的销售市场缩小。它既然使城市工人无力买酒喝，也就使酿造葡萄酒的农民无力把酒卖出去。而法国酿造葡萄酒的人数大约有 1200 万。因此，一般百姓对于葡萄酒税的憎恨是可以理解的，而农民对于葡萄酒税的切齿痛恨也就尤其可以理解了。况且，他们不是把恢复葡萄酒税看做一个多少带有偶然性的孤立事件。农民具有一种父子相传的特有的历史传统，他们已从这一历史经验中形成了一种信念：任何一个政府要想欺骗农民时，就答应他们废除葡萄酒税，而当它一旦骗取了农民的信任时，就把葡萄酒税保留或恢复起来。农民根据葡萄酒税来鉴别政府的气味，判断政府的倾向。12 月 20 日恢复葡萄酒税的事实表明，**路易·波拿巴和别人是一样的**。但他过去和别人不一样，他本是**农民塑造出来的一个人物**，所以农民在有数百万人签名的反对葡萄酒税的请愿书中，把他们一年前投给"伯父的侄子"的选票收回去了。

　　占法国人口总数三分之二以上的农村人口，主要是所谓自由的**土地所有者**。他们的第一代人，由于 1789 年革命而无偿地免除了封建赋役，不付任何代价地取得了土地。但是，以后各代人却以**地价**形式偿付了他们那些半农奴式的祖先当时曾以地租、什一税、徭役等等形式偿付过的贡赋。人口越增加，土地越分散，小块土地的价格也就变得越昂贵，因为这些小块土地分割得越零碎，对于它们的需求也就越大。但是农民购买小块土地的价钱越提高，**农民的负债程度**即**抵押程度**也就必然随着增大，不管这小块土地是由他直接买下的，还是作为资本由共同继承人分给他的，都是一样。加在土地上的债务，称为**土地抵押**，即土地典当。正如在中世纪大地产上积聚着**特权**一样，在现代的小块土地上积聚着**抵押权**。另一方面，在小块土地制度下，土地对于它的所有者来说纯粹是**生产工具**。但是土地的肥力随着土地被分割的程度而递减。使用机器耕作土地，分工制度，大规模的土壤改良措施，如开凿排水渠和灌溉渠等，都越来越不可能实行，而耕作土地的**非生产费用**却按照这一生产工具本身被分割的比例而递增。这一切情况，都与小块土地的所有者是否拥有资本无关。但是土地被分割的过程越发展，小块土地连同它那极可怜的农具就越成为小农的唯一资本，向土地投资的可能就越少，小农就越感到缺乏利用农艺学成就所必需的土地、金钱和学识，土地的耕作就越退步。最后，**纯收入**按照**总消费**增长的比例而相应减少，按照农民财产阻碍农民全家从事其他生计的程度而相应减少，然而这份财产已不能保障农民的生活。

　　这样一来，随着人口的增加和土地的不断被分割，**生产工具**即土地则相应地**昂贵**，**土地肥力**则相应地下降，**农业**则相应地**衰落**，**农民的债务**则相应地**增加**。而且，本来是结果的东西，反而成了原因。每一代人都给下一代人留下更多的债务，每一代新人都在更不利更困难的条件下开始生活，抵押贷款又产生新的抵押贷款，所以当农民已经不能再以他那一小块土地作抵押而借**新债**时，即不能再让土地担负新的抵押权时，他就直接落入**高利贷者**的手中，而**高利贷**的利息也就越来越大了。

这样，法国农民就以对**押地借款**交付**利息**的形式，以向**高利贷者的非抵押借款**支付利息的形式，不仅把地租，不仅把营业利润，总之，不仅把**全部纯收入**交给资本家，甚至把**自己工资的一部分**也交给资本家；这样他就下降到**爱尔兰佃农**的地步，而这全是在**私有者**的名义下发生的。

在法国，这个过程由于日益增长的**赋税负担和诉讼费用**而加速了。这种诉讼费用，一部分是法国法律对土地所有权所规定的许多手续本身直接引起的；一部分是地界相连和互相交错的小块土地的所有者之间的无数纠纷引起的；一部分是农民爱打官司引起的，这些农民对于财产的乐趣都归结于狂热地保卫想象的财产，保卫**所有权**。

……

现在当共和国在法国农民旧有的重担上又添加了新的负担时，农民的情况更是可想而知了。很明显，农民所受的剥削和工业无产阶级所受的剥削，只是在**形式**上不同罢了。剥削者是同一个：**资本**。单个的资本家通过**抵押**和**高利贷**来剥削单个的农民；资本家阶级通过**国家赋税**来剥削农民阶级。农民的所有权是资本迄今为止用来支配农民的一种符咒；是资本用来唆使农民反对工业无产阶级的一个借口。只有资本的瓦解，才能使农民地位提高；只有反资本主义的无产阶级的政府，才能结束农民经济上的贫困和社会地位的低落。**立宪共和国**是农民的剥削者联合实行的专政；**社会民主主义的红色共和国**是农民的同盟者的专政。而天平的升降要取决于农民投进票箱的选票。农民自己应该决定自己的命运。——

社会主义者在各种各样的小册子、论丛、历书以及传单中，都是这样说的。这些语言已经由于秩序党的论战文章而使农民更容易理解；秩序党也向农民呼吁，它随意地夸大、粗暴地歪曲和篡改社会主义者的意向和思想，因而恰好打中了农民的心坎，激起了农民尝食禁果的渴望。但是最容易理解的语言是农民阶级在行使选举权时所获得的经验本身，是农民阶级在革命的急剧发展进程中接连遭到的失望。**革命是历史的火车头。**

农民逐渐发生的转变，已经表现出种种征兆了。它已表现于立法议会的选举，表现于里昂周围五个省的戒严，表现于六月十三日事变后几个月由吉伦特省选出一个山岳党人来代替无双议院[1]的前任省长；表现于 1849 年 12 月 20 日由**加尔省**选出一个红色议员来代替一个去世的正统派的议员，而加尔省原是正统派的乐园，是 1794 年和 1795 年对共和党人施行最恐怖的暴行的地方，是 1815 年白色恐怖的中心，在这里公开杀害过自由主义者和新教徒。这个最守旧的阶级的革命化，在葡萄酒税恢复后表现得最明显了。1850 年 1 月和 2 月间政府所颁布的规定和法律，差不多完全是用来对付**外省**和**农民**的，这就是农民进步的最令人信服的证明。

奥普尔的通令，使宪兵被加封为省长、专区区长尤其是镇长的异端裁判官，使密探活动向各地蔓延，直到穷乡僻壤；

1　恩格斯在 1895 年版上加了一个注："历史上一般这样称呼在 1815 年间紧接拿破仑第二次退位后选出的那个极端保皇主义的和反动的众议院。"——编者注

教师法，使身为农民阶级的专门人才、代言人、教育者和顾问的学校教师受省长任意摆布，使身为学者阶级中的无产者的学校教师从一个乡镇被赶到另一个乡镇，就像被追猎的野兽一样；**镇长法案**，在镇长们头顶上悬着一把免职的达摩克利斯剑，时时刻刻把他们这些乡村总统跟共和国总统和秩序党对立起来；**军令**，把法国 17 个军区改为四个帕沙辖区，并把兵营和野营作为民族沙龙强加给法国人；**教育法**，秩序党靠它来宣布法国的愚昧状态和强制愚化是该党在普选权制度下生存的条件——所有这一切法律和规定究竟是什么呢？就是拼命企图为秩序党重新赢得各省和各省农民。

　　作为**镇压措施**来看，这是一些使秩序党自己的目标落空的拙劣办法。重大的规定，如保留葡萄酒税和保留四十五生丁税，轻蔑地拒绝农民关于归还 10 亿法郎的请愿等等——这一切立法上的雷电一下子从中心大批袭来，使农民阶级感到震惊。上述各项法律和规定使攻击手段和反抗行动具有了**普遍的性质**，使它们成为每所茅舍中议论的中心话题，使革命感染每个农村，**把革命带到全国各地并使它农民化**。

　　……

　　我们已经逐一考察过农民、小资产者、整个中间等级如何逐渐向无产阶级靠拢，如何迫于形势而同正式共和国公开敌对，从而被共和国当做敌人来对待。**反对资产阶级专政，要求改造社会，要把民主共和机构保存起来作为他们运动的工具，团结在作为决定性革命力量的无产阶级周围**——这就是**所谓社会民主派即红色共和国派**的一般特征。这个无政府派——如它的敌人所称呼的——正和**秩序党**一样，是各种不同利益的联合。从对旧社会的无秩序加以稍微改良到把旧社会的秩序推翻，从资产阶级自由主义到革命恐怖主义——这就是构成无政府派的起点和终点的两个极端间的距离。

废除保护关税！这就是社会主义，因为这样做就是要打破秩序党**工业**集团的垄断。整顿国家财政！这就是社会主义，因为这样做就是要打破秩序党**金融**集团的垄断。自由输入外国肉类与粮食！这就是社会主义，因为这样做就是要打破秩序党第三个集团即**大地产**集团的垄断。英国资产阶级最先进的派别即自由贸易派的要求在法国也成了社会主义的要求。伏尔泰主义！这就是社会主义，因为它攻击秩序党第四个集团即**天主教**集团。新闻出版自由、结社权利和普及国民教育就是社会主义，全都是社会主义！因为这一切都是要打破秩序党的整个垄断！

在革命进程中，形势成熟得这样快，连各种色彩的改良之友，要求极其温和的中等阶级，都被迫团结在最极端的主张变革的党的旗帜周围，团结在**红旗**周围。

可是，虽然无政府派的各个主要组成部分的**社会主义**，因本阶级或阶级集团的经济条件以及由此产生的整个革命要求不同而有所不同，但有**一点**是一致的，那就是宣布自己是**解放无产阶级的手段**，而无产阶级的解放就是自己的**目的**。某些人是在故意骗人，而另一些人则是在自我欺骗，因为这些人以为，按照他们的需要加以改造的世界对于一切人来说都是最好的世界，是一切革命要求的实现和一切革命冲突的扬弃。

　　在**无政府派**的声调大致相同的**一般**社会主义词句下面，隐藏着《国民报》、《新闻报》和《世纪报》的**社会主义**，这种社会主义大体上一贯要求推翻金融贵族的统治而使工业和交易摆脱历来的束缚。这是工业、商业和农业的社会主义，这三者的利益由于同秩序党中工业、商业和农业巨头的私人垄断不再相符而被这些巨头摒弃了。这种**资产阶级社会主义**，和任何一种社会主义的变种一样，自然也吸引了一部分工人和小资产者。跟这种资产阶级社会主义不同的是本来意义的社会主义，即**小资产阶级社会主义**，地道的社会主义。资本主要以**债权人**的身份来迫害这个阶级，所以这个阶级要求设立**信贷机关**；资本以**竞争**来扼杀它，所以它要求设立由国家维持的**协作社**；资本以**积聚**来战胜它，所以它要求征收**累进税**、限制继承权并由国家兴办大型工程以及采取其他各种**强力抑止资本增长**的措施。既然它梦想和平实现自己的社会主义——至多允许再来一次短促的二月革命，那么它自然就把未来的历史进程想象为正在或已经由社会思想家协力或单独设计的种种**体系的实现**。于是这些思想家就成为各种现有社会主义**体系**，即**空论的社会主义**的折中主义者或行家，这种社会主义只有在无产阶级尚未发展为自由的历史的自主运动的时候，才是无产阶级的理论表现。

　　这种乌托邦，这种**空论的社会主义**，想使全部运动都服从于运动的一个阶段，用个别学究的头脑活动来代替共同的社会生产，而主要是幻想借助小小的花招和巨大的感伤情怀来消除阶级的革命斗争及其必要性；这种空论的社会主义实质上只是把现代社会理想化，描绘出一幅没有阴暗面的现代社会的图画，并且不顾这个社会的现实而力求实现自己的理想。所以，当无产阶级把这种社会主义让给小资产阶级，而各种社会主义首领之间的斗争又表明每个所谓体系都是特意强调社会变革中的一个过渡阶段以与其他各个阶段相对抗时，**无产阶级**就日益团结在**革命的社会主义**周围，团结在被资产阶级用**布朗基**来命名的**共产主义**周围。这种社会主义就是**宣布不断革命**，就是无产阶级的**阶级专政**，这种专政是达到**消灭一切阶级差别**，达到消灭这些差别所由产生的一切生产关系，达到消灭和这些生产关系相适应的一切社会关系，达到改变由这些社会关系产生出来的一切观念的必然的过渡阶段。

……

四
1850 年普选权的废除

……

在大陆上，不论危机时期还是繁荣时期都比英国来得晚。最初的过程总是发生在英国；英国是资产阶级世界的缔造者。资产阶级社会经常反复经历的周期的各个阶段，在大陆上是以第二次和第三次的形式出现的。首先，大陆对英国的输出要比对任何国家的输出多得多。但是，这种对英国的输出却又取决于英国的情况，特别是英国海外市场的情况。其次，英国对海外国家的输出要比整个大陆多得多，所以大陆对这些国家的输出量始终要取决于英国对海外的输出量。因此，如果危机首先在大陆上造成革命，那么革命的原因仍然始终出在英国。在资产阶级机体中，四肢自然要比心脏更早地发生震荡，因为心脏得到补救的可能性要大些。另一方面，大陆革命对英国的影响程度同时又是一个温度计，它可以显示出，这种革命在多么大的程度上真正危及资产阶级的生存条件，在多么大的程度上仅仅触及资产阶级的政治形式。

在这种普遍繁荣的情况下，即在资产阶级社会的生产力正以在整个资产阶级关系范围内所能达到的速度蓬勃发展的时候，也就谈不到什么真正的革命。只有在**现代生产力和资产阶级生产方式这两个要素互相矛盾**的时候，这种革命才有可能。大陆秩序党内各个集团的代表目前争吵不休，并使对方丢丑，这决不能导致新的革命；相反，这种争吵之所以可能，只是因为社会关系的基础在目前是那么巩固，并且——这一点反动派并不清楚——是那么明显地**具有资产阶级特征**。一切想阻止资产阶级发展的反动企图都会像民主派的一切道义上的愤懑和热情的宣言一样，必然会被这个基础碰得粉碎。**新的革命，只有在新的危机之后才可能发生。但新的革命正如新的危机一样肯定会来临。**

我们现在来谈一谈**法国**。

人民既已促成了 4 月 28 日的新的选举，也就把自己联合小资产阶级在 3 月 10 日的选举中所取得的胜利化为乌有。维达尔不仅在巴黎当选，而且在下莱茵省也当选。山岳党和小资产阶级的代表力量很强的巴黎委员会，怂恿他接受下莱茵省的委任状。3月10日的胜利已丧失了它的决定性意义；最后的决定性时刻又拖延了下来，人民松了劲，他们已经习惯于合法的胜利而不再去争取革命的胜利。最后，感伤的小市民的社会幻想家欧仁·苏被提名为候选人这件事，完全勾销了3月10日选举的革命意义，否定了为六月起义恢复名誉的做法；无产阶级至多不过把这次提名看成是讨好轻佻女郎的玩笑而接受下来。由于对手的政策不坚决而壮起胆来的秩序党，为了同这种善意的提名相对抗，提出了一个应该体现六月**胜利**的候选人。这个可笑的候选人是斯巴达式的家长勒克莱尔，不过他身上的英雄甲胄被报刊一片一片地扯了下来，在选举中遭到了惨败。4月28日选举的新胜利使山岳党和小资产阶级得意忘形。山岳党心花怒放，认为它可以用纯粹合法的方式实现自己的愿望，而不用掀起一场再度把无产阶级推上前台的新的革命；它确信，在1852年新的选举中一定能靠普选权把赖德律－洛兰先生安置在总统宝座上，并保证山岳党在国民议会里占多数。新的选举，提名苏为候选人以及山岳党和小资产阶级的情绪，使秩序党十分有把握地相信，山岳党和小资产阶级在任何情况下都决心保持平静，所以秩序党以废除普选权的**选举法**回答了这两次选举的胜利。

政府极为谨慎，自己不对这个法案负责。它向多数派作了假的让步，把这个法案的起草工作交给了多数派的首脑即交给17个卫戍官。这样一来，就不是政府向国民议会提议，而是国民议会的多数派向自己提议废除普选权。

5月8日，这个法案提交议会审核。所有社会民主主义报刊都异口同声地劝人民要保持尊严，要保持庄重冷静，要安心等待，要信赖自己的代表。这些报纸的每一篇论文都承认，革命首先必定会消灭所谓的革命报刊，因而现在的问题是报刊如何保全自己。所谓的革命报刊泄露了自己的全部秘密。它签署了自己的死刑判决书。

5 月 21 日，山岳党将这个临时性问题提交讨论，要求否决整个提案，理由是它违反宪法。秩序党回答说，宪法在必要时是要违反的，但现在还用不着，因为宪法可以作各种解释，只有多数才有权决定哪种解释是正确的。山岳党对梯也尔和蒙塔朗贝尔的肆无忌惮的野蛮进攻，报以彬彬有礼和温文尔雅的人道态度。山岳党引证了法的基础；秩序党给它指出了法借以发展的基础——资产阶级所有制。山岳党呜咽着说：难道他们真的要不顾一切地挑起革命吗？秩序党回答说：我们将静候革命来临。

5 月 22 日，人们以 462 票对 227 票的表决结果解决了这个临时性问题。有些人曾经十分郑重而认真地证明说，国民议会和每个议员一旦使人民，即他们的授权人丧失了权利，自己也就会丧失代表权；正是这些人仍然稳坐在自己的席位上，他们突发奇想，要全国行动起来，并且是以请愿的方式行动起来，而他们自己却不采取行动；甚至当 5 月 31 日法案已经顺利通过的时候，他们还是安然不动。他们企图用抗议书来为自己报复，在抗议书中写明他们没有参与强奸宪法，但是，就连这份抗议书，他们也没有公开提出，而是偷偷地塞进议长的衣袋里。

巴黎的 15 万大军，最后决定的无限期推迟，报刊的平静态度，山岳党和新当选的议员的胆小怕事，小资产者的庄重冷静，而主要是商业和工业的繁荣，阻碍了无产阶级进行任何革命的尝试。

普选权已经完成了自己的使命。大多数人民都上了有教育意义的一课，普选权在革命时期所能起的作用不过如此而已。它必然会被革命或者反动所废除。

……

图书在版编目（ＣＩＰ）数据

《1848年至1850年的法兰西阶级斗争》导读 / 孙乐
强编著 . -- 南京 : 江苏人民出版社 , 2019.9
（马克思主义经典著作导读系列）
ISBN 978-7-214-23477-3

Ⅰ . ① 1… Ⅱ . ① 孙… Ⅲ . ①《1848 年至 1850 年的法
兰西阶级斗争》—马克思著作研究 Ⅳ . ① A811.22

中国版本图书馆 CIP 数据核字 (2019) 第 098931 号

书　　　名	《1848年至1850年的法兰西阶级斗争》导读
编 著 者	孙乐强
责任编辑	戴亦梁
责任校对	黄　山
装帧设计	刘莘莘
出版发行	江苏人民出版社
出版社地址	南京市湖南路 1 号 A 楼，邮编：210009
电子邮箱	http://www.jspph.com
照　　排	江苏凤凰制版有限公司
印　　刷	江苏凤凰通达印刷有限公司
开　　本	890毫米×1240毫米　1/32
印　　张	8.625
字　　数	150千字
版　　次	2019年9月第1版　2019年9月第1次印刷
书　　号	ISBN 978-7-214-23477-3
定　　价	35.00元

江苏人民版图书若有印装错误可向出版社调换。